그날 밤의 별

김문한 수필집

머리말

넘어질듯 하면서도 넘어지지 않고 오늘에 이른 것은 내 힘에 의한 것이 아니라, 나를 재촉하시는 하나님의 은혜가 있었기 때문이었습니다. 이 은혜에 보답하는 길은 겸허하게 사는 것이라고 생각했습니다.

그리하여 나무에서 잎과 같은 사람이 되려고 했습니다. 잎은 보기에는 그저 그렇지만, 나무의 줄기와 가지를 키우고, 꽃을 피우고, 열매를 맺게 하는 역할을 하며, 가을이 되면 곱게 물들어 마지막까지 나무를 아름답게 가꾸는 희생적인 일을 하기 때문입니다.

이런 마음가짐으로 받기보다 주는 것을 좋아하고, 꾀보다도 정을 소중이 여기며 정직하고 성실하게 삶의 여정을 걸어 왔습니다.

어느 날 갑자기 그간에 겪은 이런 일 저런 일이 머리에 스쳐지나 갔습니다. 변변치 않은 지난 일이었지만 발자국 마다 눈물이 있고 정과 사랑이 있었습니다.

6 · 25전쟁의 참전, 대학원 건축학과 건설기술연구실에서의 생활, 중국 연변과학기술대학에서의 봉사, 그리고 살아가면서 겪은 일들에 대해 느꼈던 생각을 솔직하게 글로 엮어 보았습니다.

제자신이 잎이 되어야 한다는 생각으로 살아왔기에 별로 자랑할 것이 없습니다. 다만 남이 모르는 나만의 이야기를 솔직하게 글로 써 봤습니다.

저의 글속에서 따스한 온기와 뭉클한 감동을 느낄 수 있다면 저로서는 더할 나위없는 기쁨이 되겠습니다.

오랜 동안 저는 빚만 지고 살아 왔습니다. 저의 글을 통해서 다소나마 여러 선후배님들에게 감사하다는 말과 제가 지니고 있는 따뜻한 정이 전해졌으면 하고 간절히 바라고 있습니다.

2012년 5월 김 문 한

차례

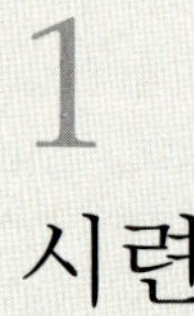

1 시련

2
사랑

3
믿음

4
삶

5
그리움

6
깨우침

1 / 시련

내 엉덩이를 잡아당긴 분

육군포병소위로 임관 후 제9포단에 배속되었다. 그리고 중부전선 '단장의 능선' 주저항선을 지키고 있는 8사단 예하 보병중대의 관측장교로 복무하게 되었다. '단장의 능선'은 한 때 적과 치열한 격전이 있었던 고도 800m의 고지이다.

그간의 힘들고 어려웠던 교육훈련에서 해방되어서인지 임지로 향하는 발걸음은 가벼웠고 전혀 두려운 생각이 들지 않았다. 그러나 내 앞에 나타난 하얀 눈으로 뒤덮인 '단장의 능선'은 낭만이 있고 정이 있는 산이 아니라 어쩐지 슬프고 외로운 모습으로 보였다.

보병중대장에게 신고한 후 근무할 관측호로 안내 받았다. 관측호에서 앞을 보니 골짜기 저편 적이 있는 산은 막 달려오려는 괴물과 같이 위협적으로 보였다. 아군의 참호(塹壕)와 참호는 교통로로 연결되어 있었으며, 이곳에서의 생활공간은 참호와 교통로뿐이라는 것을 알 수 있었다. 내가 근무할 관측호는 천장 높이가 낮아 앉아서만 생활을 해야 했으며 키가 큰 나는 참으로 고통스러웠다.

밤낮없이 적의 관측에 여념이 없던 어느 날 점심 때 나는 다리와 허리도 굳어 있었고 답답해서 잠깐, 아주 잠깐 밖에 나가 심호흡을 하고 싶었다. 그리하여 두 손으로 교통로 양쪽을 잡고 힘껏 뛰어 오르려고 했다. 그런데 누가 내 엉덩이를 잡아당기는 것이 아닌가.

그 순간 적의 포탄이 바로 앞에 떨어져 교통로 밖으로 내밀었던 손은 흙먼지로 뒤덮이고 가벼운 화상을 입었다. 참으로 순간적인 일이었다. 뒤를 돌아다보니 아무도 없었다. 만일 머리가 교통로 밖으로 나왔다면 나는 여지없이 전사했을 것이다. 정말로 아찔하고 믿기 어려운 기적이 일어난 순간이었다.

누가 내 엉덩이를 잡아 당겼을까 주위를 두번 세번 둘러보아도 아무도 없었다. 그때서야 내 엉덩이를 잡아당긴 이는 하나님이었다는 생각이 들었으며 감사의 눈물이 하염없이 흘렀다.

놀라서 두근거리는 내 앞에 우리 다섯 형제를 위해 고생하시던 근엄하신 아버지와 일 년 내내 화장 한 번 하지 않고 우리를 위해 애쓰신 인자하신 어머님의 얼굴이 떠올랐다. 숨바꼭질을 하며 놀았던 집안 구석구석과 동생들의 얼굴도 떠올랐다.

지금 나는 삶과 죽음의 경계선에서 언제 아침 이슬과 같이 사라질지 모르는 처지가 아닌가? 너무나 고독하고 슬펐다. 내가 대학 재학생이었다면 군 징집을 연기할 수 있었는데, 가난 때문에 진학을 못한 것이 너무나도 마음 아팠다.

하나님! '이 전쟁에서 살아남으면 나도 남과 같이 대학에 가서 공부할 수 있게 도와 주십시오', 하고 외치는 내 얼굴은 눈물로 범벅이 되었다. 그리고 죽는 날까지 단어 하나라도 더 외워야 한다고 늘 지니고 다녔던 영어 단어 · 숙어집 위에 눈물이 흘러 내렸다.

이와 같이 최전방에서의 목숨을 건 생활은 휴전협정이 체결될 때까지 계속되었다. 휴전 후 육군포병학교 교관으로 발령이 났다. 그 당시 포병이라면 누구나 갈망하는 선망의 자리가 육군포병학교였다. 그러기에 모두가 고위급 장성의 추천 없이는 갈 수 없는 곳으로 여겼었다. 그런데 고위급 장성은 고사하고 육군본부에 아는 분이 아무도 없는데 내가 선택되다니 믿어지지가 않았다. 이것은 나를 사랑하시는 하나님이 역사(役事)한 것으로 생각할 수밖에 없었다.

부대 장병들과 작별인사를 하고 임지로 향했을 때는 봄이었다. 포성이 멎은 전선의 산에는 예쁜 진달래꽃이 만발했었다. 중학교 5학년 때 배운 김소월 시인의 '진달래 꽃'이라는 시가 나도 모르게 입에서 흘러나왔다.

나 보기가 역겨워
가실 때에는
말없이 고이 보내 드리우리다

연변에 약산
진달래꽃
아름 따라 가실 길에 뿌리우리다

가시는 걸음걸음
놓인 그 꽃을
사뿐히 즈려밟고 가시옵소서

나 보기가 역겨워
가실 때에는
죽어도 아니 눈물 흘리우리다

체념한 뜻하면서도 밝은 내일을 그리워하는 이 시가 역경에서도 삶의 부활을 애절하게 갈망하는 나에게 큰 용기를 주는 것 같았다. 그리고 산마다 지나가는 나를 환영하는 것 같았다. 이렇게 아름다운 강산에 다시는 전쟁이 없어야지 하고 혼자 말을 하는 내 마음은 기쁘면서도 과거와 현재와 미래의 생각으로 착잡하였다.

그간 참으로 힘든 세월이었지만 나는 살아남았고 무사히 군 생활도 마쳤다. 뒤늦게 사회에 뛰어든 세상살이가 만만치 않은 것에 당황하였다. 그러나 힘들고 어려울 때마다 '내 엉덩이를 잡아당긴 분' 이 이 순간에도 내 옆에서 나를 지키고 있다는 생각에 무슨 일에나 불평하지 않고 최선을 다하며 살아가고 있다.

당신은 하늘이 지켜준 사람이다

한 동안 '단장의 능선'에서 관측장교로 복무하던 나는 6개월 만에 교대되어 포병 중대로 내려와 쉬고 있었다. 5일이 지나던 날 수도고지 관측장교로 가 있던 오 소위로부터 전화가 왔다. 몹시 괴로운 목소리로 지금 이질로 몸이 아프니 일주일만 교대해 달라는 것이다.

교대되어 하산한지 얼마 되지 않아 오 소위의 부탁을 거절할 수도 있었다. 그러나 다정도 병이지 이질로 고생한다는 말에 마음이 약해진 나는 일주일만 교대해주려고 수도고지로 향했다.

수도고지는 아군 주저항선에서 적진지 쪽으로 능선을 따라 약 300m정도 되는 위치에 있으며, 전술적으로 중요해서 아군과 적이 12번이나 번갈아가면서 확보한 고지였다.

이질로 고생하는 오 소위가 측은하게 생각되어 빨리 교대해 주고 싶었다. 마음이 급해서인지 그날따라 해가 빨리 지지 않았다. 주저항선에 있는 보초가 '장교님, 해가 진 후에 가셔야 합니다'라고 만류하는 것을 뿌리치고 기다리다 못해 능선을 따라 출발했다.

격전지답게 수도고지로 가는 능선은 포탄으로 온통 땅이 가루처럼 부서져 발이 빠졌고, 나무들은 전부 잘리어 뿌리 부분만 남아 있었다. 교신용으로 가설한 듯한 끊어진 전화선은 백 가닥도 넘는 것 같았다.

수도고지에 중간 정도 갔을 때 갑자기 '탁 꿍, 탁 꿍' 하고 두발의 적의 총소리가 들렸다. 나는 개의치 않고 빨리 걸었다. 바로 그 때 '싱' 하고 귀 옆 공기를 가르는 날카로운 소리와 동시에 '탁 꿍' 하는 또 하나의 총소리가 들렸다.

그때서야 적에게 노출되어 저격당하고 있다는 것을 알았다. 급히 포복하여 수도고지에 도착하니 어두워지기 시작했으며 시계를 보니 오후 5시 15분이었다. 정신을 차리고 보니 온 몸은 땀으로 흠뻑 젖어 있었다.

보병중대장은 근심어린 얼굴로 나를 위아래로 살피고 있었다. 아무 이상이 없는 것을 확인하고 '당신은 하늘이 지켜준 사람이요' 라고 말하였다. 그러면서 이곳은 적과의 거리가 가까워 저격당하면 십중팔구는 전사하거나 부상당한다고 하였다. 그러고 보니 중대장 말이 옳은 것 같았다. 조준하는데 지장이 되는 나무가 전부 잘리어 나간 능선을 유유히 걸어가는 키가 큰 내가 얼마나 선명하게 보였을 것인가? 그런데도 나를 정확히 명중시키지 못했으니 이것은 하나님이 저격수의 시야를 흐리게 했기 때문이라는 생각이 들었다. 동시에 '단장의 능선' 진지에서 교통로 밖으로 나가려는 나의 엉덩이를 잡아당긴 분이 이번에도 나를 살려주신 것이라는 생각이 들었다.

오 소위는 생각한 것과는 달리 심하게 아파보이지 않았으며, 이질이 나으면 곧 교대하러 오겠다 말하고 곧장 하산하였다. 밤 9시경에는 노무자가 운반해 온 주먹밥 세 개씩을 받았다. 하나는 저녁이고 두 개는 아침과 점심용이었다. 이곳은 적과 가깝기 때문에 취사는 물론 일절 불을 지필 수가 없었기 때문에 주먹밥으로 대신한다고 하였다. 다음날 먹는 주먹밥은 꽁꽁 얼어서 손으로 입으로 녹여가며 먹어야 했다.

다음날 아침에 보니 수도고지는 아군과 적의 포격으로 산의 1/10에 해당하는 봉우리는 완전히 파손되어 사막과 같았으며 말 그대로 벌거숭이었다. 적진지는 바로 앞에 있고 아군 주저항선은 저만치 뒤에 있었으니 수도고지는 마치 망망대해에 떠있는 외로운 섬과 같았다. 내가 있는 관측호는 점령 후 급히 마대에 부서진 흙을 넣어 쌓아 만든 것으로 빈약하기 이루 말할 수가 없었다. 보병 소대와 소대는 교통로로 연결되었고 요소요소에 참호가 있었다. 수도고지는 적 고지보다 높이가 낮기 때문에 낮에는 절대로 호 밖으로 나가면 안 되었다.

지형적으로 수도고지는 적 진지 쪽은 경사가 완만하나 아군 주저항선 쪽은 경사가 급하였다. 얼핏 생각해도 적이 공격해오면 후퇴란 생각할 수 없고 죽음을 각오하고 싸우는 수밖에 없었다. 이런 열악한 여건에서의 생활은 참으로 고생스러웠다. 그렇기에 그 곳에 주둔하는 보병중대는 1개월마다 한밤중에 교대하였다.

그런데 이질이 나으면 교대하겠다던 오 소위로부터는 아무런 연락이 없었다. 선한 마음으로 잠깐 교대하려고 한 것인데 오 소위는 나를 이용해서 자기의 안전을 꾀하려고 한 것이다.

왜 나는 이다지도 바보 같은 지, 세상 살아가는 지혜도 없이 이용만 당하는 지 너무나 마음이 괴로웠다.

이렇게 원망하고 상심하고 있을 때 어릴 때 아버지로부터 들은 '덕을 베풀어라' '내가 손해를 볼망정 남을 억울하게 하지 말라' 는 말씀이 생각났다. 그렇다 내가 속았을망정 상대방에게 좋은 일을 한 것이 아니냐? 내가 이용을 당했을망정 오 소위는 위기에서 벗어난 것이 아니냐? 라는 생각으로 착잡한 마음을 진정시켰다.

무엇보다도 '당신은 하늘이 지켜준 사람이다' 라고 이곳 중대장이 말하지 않았든가. 하늘이 지켜준 내가 마음이 옹졸해서야 쓰겠나. 오 소위를 위해서 좋은 일을 한 것이 아니냐. 하늘이 지켜준 내가 남을 원망하고, 이 정도의 고생을 참지 못해서야 되겠나, 하는 생각으로 마음을 달랬다. 이렇게 생각하니 분하고 억울함으로 파도치던 마음이 잠잠해졌다. 그러나 언제 적군이 폭풍처럼 공격해 올지 모른다는 생각에 솔직히 두려움으로 긴장을 늦출 수는 없었다. 여기도 내 땅이요 아름다운 금수강산인데 피차의 포격으로 황폐화되고, 형제끼리 총부리를 겨누고 피를 흘리며 싸워야 하다니 너무나 안타깝고 서글펐다.

다행히 내가 있을 동안은 하늘이 지켜주셨는지 큰 전투는 없었다. 그리고 보병중대가 세 번이나 바뀐 3개월 후에야 나는 오 소위가 아닌 정 소위와 임무를 교대하고 죽을 뻔했던 그리고 고독하였던 수도고지에서 하산하였다.

잡초의 꿈

철부지 나는 오로지 대학 진학문제만을 생각했었다. 그러나 집안 형편이 어려워 대학에 진학할 수 없게 되어 얼마나 낙심했는지 모른다. 앞으로 무엇을 하며 어떻게 살아야 할지 막막하기만 하였다. 그리하여 아무도 없는 산에 가서 서울 하늘을 바라보고 소리 내어 울곤 하였다.

어느 날 쓸쓸한 마음을 달래기 위해 산에 가는 길이었다. 평상시에는 무심하게 밟고 지나던 길의 잡초 속에 민들레의 노란 꽃이 나를 쳐다보고 있었다. 그 노란 꽃이 얼마나 예쁜지 나는 한참 서서 바라보았다. 이 길은 사람들이 짓밟고 지나다니고 겨울에는 얼어붙었던 땅이 아니었던가? 아무도 관심을 주지 않은 이곳에 풀이 나고 꽃이 피다니! 세상에서 버림받은 것과 같이 느껴졌던 나는 정신이 번쩍 들었다.

세상 빛을 보려고 어둠 속을 헤치고 나오느라 얼마나 고생이 많았을까? 아무도 눈여겨 봐주지 않아 얼마나 외로웠을까? 이런 어려움을 이겨내고 땅속을 헤치고 나온 잡초의 끈기와 인내심이 방황하는 나에게 깨우침을 준 것이다. 나도 잡초와 같이 세상 빛을 보려면 무에서 유를 찾으려는 의지와 끈기와 단련이 있어야 한다고 생각하였다.

그리고 지금의 처지에 낙심만 할 것이 아니라 무엇인가 이루기 위해 도전해야 한다고 결심했다. 그리하여 세상 빛을 보기 위해 어둠을 헤쳐 나온 잡초와 같이 나도 세상 빛을 보기 위해 몸부림쳤다. 어느 길로 가야 하는지 분간하지도 못하고 이 길이겠지 하는 막연한 생각만으로 달려 나갔다.

이런 와중에 6·25전쟁이 발발하였고, 제주도 모슬포 신병훈련소에 입대해야만 했다. 열악한 환경에서 호된 훈련과 배고픔으로 인한 고생은 지금도 기억에서 사라지지 않는다. 그 후 육군포병학교를 거쳐 육군포병소위로 임관하였다. 그리고 중부전선 및 동부전선에서 치열한 전투에 참여하여 몇 번인가의 죽을 고비에서 기적적으로 살아남았다.

마침내 6년간의 군 생활을 마치고 뒤늦게나마 대학생이 되었다. 내가 졸업할 당시에는 산업이 열악하여 취직하기가 어려웠다. 마침 대한석탄공사에서 건축직 사원 공채가 있어 응시하였다. 많은 응시자 가운데 3명만이 필기시험에 합격되어 곧 사원이 될 줄 알았다. 그러나 그것도 잠시, 면접시험에서 어느 대학 출신이냐고 물은 것 외에 특별한 질문이 없었는데 불합격되어 얼마나 섭섭했는지 모른다.

얼마 후에 대전공업고등학교 교사 공채에 응했던 바 채용이 되었다. 내가 어둠을 헤치고 빛을 보려고 한 직업은 다름 아닌 '가르치는 일'을 하는 선생이라는 생각이 들었다. 그 후에 USOM에서 실시하는 국비유학생 선발시험에 합격이 되어 미국으로 유학을 갔다. 건축에 관한 공업교육을 공부했으며 기를 쓰고 공부를 했다고 할까, 지도교수로부터 좋은 평가를 받을 수 있었다. 여하튼 소정의 교육을 마치고 귀국해서 복교하였다.

그 당시 우리나라의 공업교육을 선진화하고 활성화해야 한다는 목소리가 높았었다. 이를 위해서는 유능한 공업교사를 양성해야 한다고 하여 S대학교 공과대학에 공업교육과를 신설하였다. 그런데 S대학교에서 나를 조교로 초청한 것이다. 얼마나 갈망하던 대학인가, 이 어찌 나에게 기쁜 소식이 아니겠는가? 내가 조교로 낙점이 되다니 꿈만 같았다. 이것은 사람이 선정한 것이 아니라 하나님이 선정한 것으로 여겨졌다.

그러나 아무리 생각해도 S대학교 출신도 아닌 나에게 조교란 분에 넘치는 큰 선물이었기에 고민도 많았다. 훌륭하신 교수님들이 계시는 학문의 초장 금잔디에서 잡초와 같은 내가 잘 어울려 생활할 수 있을가, 내가 과연 금잔디 속에서 살아남을 수 있을 것인지?

이런 생각으로 걱정하고 주저하고 있을 때, 지난 날 길에 자란 잡초, 민들레의 노란 꽃을 보고 용기를 냈던 생각이 떠올랐다. 어둠 속을 헤쳐 나온 잡초와 같이 세상 빛을 보기 위해 지금까지 많은 땀과 눈물을 흘리며 살아오지 않았던가. 삶의 풍랑 속에서도 꿈을 잃지 않았고, 절망 중에도 나에게 용기를 주시는 하나님께 감사하며 참고 견디며 살아오지 않았던가.

일을 계획하고 노력하는 것은 사람의 몫이고 일을 이루게 하는 이는 하나님이시라는 말이 있다. 일을 시작하는 것은 당연히 내 몫이니 두려워해서는 안 될 것이라는 생각이 들었다. 그리고 서울로 가서 조교생활을 하는 것도 내가 발전하기 위한 시련의 과정이 될 것이라고 생각하였다.

하늘은 스스로 돕는 자를 돕는다고 하지 않았던가? 앞으로 '가르치는 일'을 통해서 더 많은 선(善)을 행하라는 하나님의 뜻이 아닌가 하는 생각이 들었다. 그리고 잡초라는 배경이 평생 나를 겸손하게 하려는 하나님의 섭리(攝理)[1]가 아닌가 하는 생각도 들었다. 마침내 서울로 가기로 결심을 한 것이다.

진실로 잡초와 같은 내가 학문의 전당인 푸른 초장으로 갈 수 있었던 것은 내 힘에 의한 것이 아니라 하나님의 명령이라고 받아들인 것이다. 학문의 푸른 초장에서 비록 금잔디는 아닐지언정 보기 싫은 천덕꾸러기 잡초는 되지 말아야지, 그리고 예쁜 꽃을 피워 금잔디와 어울리고 많은 사람에게 꿈과 소망을 심어주는 아름다운 잡초가 되어야지 하고 굳게 다짐하였다.

1) 섭리(攝理) ; 세상의 모든 것을 다스리는 하나님의 뜻.

고독에서 승리하리

직장을 대전에서 서울로 옮기고서야 인생은 경쟁이라는 것을 절실하게 실감할 수가 있었다. 특히 내 직업은 학벌이 좋아야 하고 경제력이 있어야 하고 집안배경도 좋아야 마음 든든한데, 나는 그 중 어느 하나도 갖추고 있지 않아 서울 생활이 너무나도 쓸쓸하고 외로웠다.

그러면서도 무엇인가 뜻있는 일을 하고 싶고, 사회와 국가를 위해서 남이 하지 못하는 일을 하고 싶은 욕망이 있었다. 그러기에 자기의 부족함과 욕망이라는 갈등 속에 살아가면서 문득문득 견딜 수 없는 외로움에 몸부림친 적도 있고, 때로는 방향감각을 잃고 광야를 헤매는 적막감에 사로잡힐 때도 있었다.

이렇게 지내다 보니 내가 선택받았기 때문에 지난 날 격전지에서도 살아남았고, 부임하기 어려운 지금의 직장으로 오게 되었다는 자부심도 잊어버리고 말았다. 단지 고독으로 새 직장에 적응하기가 어려워 몇 번이고 직업을 바꾸려고 했다.

그 당시 취득하기 어렵다는 건축갑류기술자 자격증과 1급 건축사 면

허증이 있었다. 마음먹기에 따라서는 새 직장도 가질 수 있었다. 그러나 현재의 직장을 바꾼다고 해서 지금 느끼고 있는 고독이 사라질 것 같지는 않았다. 이런 고민을 하던 끝에 지금 나에게 가장 문제가 되는 것은 선택받은 자로서 마땅히 겪어야 할 시련을 두려워하고 있다는 것을 깨달은 것이다.

어떻게 해야 할까 하고 고민하던 중 아름다운 진주가 떠올랐다. 진주는 조개의 살 속에 모래알이 박힌 고통을 이겨내고 만들어진 것이 아닌가? 지금 나는 교수의 길을 걷고 있다.

교수다운 교수가 되려면 교수로서의 필요조건, 충분조건을 갖춰야 하고, 이를 위한 고통은 당연히 감수해야만 한다. 그럼에도 불구하고 그런 의지와 용기를 두려워하고 있었다. 그리고 자신의 부족함을 인정하고 타개하려는 정직성이 없이 다만 삶의 패배주의적인 그림자 속에서 고독의 노예가 되어가고 있었던 것이다.

그리하여 진주를 닮아가야 한다고 단단히 결심했다. 그리고 고독의 노예에서 탈출하기 위해 외로움과 싸우기 시작했다. 가르치는 일에 더욱 전념하고, 늦었지만 학위과정을 이수하였다.

생활은 바빠지기 시작했다. 강의 준비를 하랴, 학위공부를 하랴 하루 24시간은 너무나 짧았다. 잠은 4시간 이상을 잘 수가 없었다. 이것이 습관화되어 지금도 하루에 4시간 이상을 자지 않는다.

얼마나 힘든 생활이었는지 키가 179㎝인데 체중은 56㎏로 줄었다. 그러나 놀라운 것은 자주 앓던 감기조차 한 번 걸리지 않았다는 점이다. 이렇게 바쁘게 생활하다 보니 이전에 느꼈던 소외감으로 인한 고독에 사로잡힐 틈이 없었다. 다만 새로운 것을 발견하고 미지의 불확실성을 해결하기 위한 아름다운 고독이 있을 뿐이었다. 내가 겪는 지금의 고통이 아름다운 진주처럼 나를 멋진 교수가 되게 할 것이라는 생각에 시름과 피곤을 견딜 수 있었다.

그리고 마음도 너그러워졌다. 지난날 연구비 신청에서 번번이 탈락하고 승진에서 누락되었던 것도 내게 분발하라고, 시련의 과정을 밟게 하시려는 하나님의 뜻으로 생각되었다. 진실로 보고 듣고 느끼는 것이 아름답기만 하고 매사가 감사하기만 하였다.

봄철에 앙상했던 나뭇가지에 푸른 싹이 솟아나는 것을 보고 나도 저 싹과 같이 새로 태어날 것이라는 생각이 들었다. 무더운 여름철에 나무에서 우는 매미소리가 나를 위로하여 주었고, 가을 밤 늦게 교정을 걸어 나올 때 풀 속에서 우는 귀뚜라미 소리가 나를 반겨주는 협주곡으로 들렸다. 캄캄한 겨울 밤 연구실을 나서는 나를 비추어 주던 별이 그렇게도 고마울 수가 없었다.

이전에 느끼지 못했던 감사가 평화를 주고 어려움을 극복해 가는 기쁨이 은연중에 나를 위로해 주었다.

바쁜 생활로 고독이 발붙일 공간이 없었다. 아침 이슬이 해가 뜨면 사라지듯 고독이라는 것도 일에 열중하면 슬며시 사라지는 것이었다. 심는 대로 거둔다는 것은 틀린 말이 아니었다. 노력한 만큼 열매를 맺을 수 있었기 때문이다.

세상에서 훌륭한 일을 한 사람들은 모두 고독에서 승리하기 위해 상상할 수 없는 시련을 극복한 사람이라는 것을 명심하고 있다. 내가 낙심하지 않고 도전적으로 살아온 것은 고독의 노예가 되지 않고, 고독을 이기려는 의지와 인내와 정직이 있었기 때문이라고 생각하고 있다.

건축시공학의 선구자가 되자

우리나라 공과대학 건축(공)학과 졸업생들의 대부분은 건설회사에 진출했다. 그러나 건설회사에서 긴요한 건축시공학의 비중은 전체 전공과목 중 한 학기에 한 과목뿐이었다.

전국적으로 시공학 분야를 전공한 교수도 거의 없었다. 시공학에 대한 배려가 이렇게 낮은 것은 시공이란 졸업 후 현장에서 익힐 수 있다는 것이며, 말하자면 학문으로 무게를 두지 않았기 때문이다. 그러기에 시공이라는 과목은 적자(嫡子) 취급을 받지 못한 관심 밖의 학문이었다.

이것은 과거 노동을 위주로 했던 시대에 가졌던 생각이고, 오늘날과 같이 스피드와 경제성을 요구하는 건설을 하려면 노동이 아니라 기술과 관리가 바탕이 되어야 한다는 것을 모르고 하는 말이다. 사실 그 당시 사회적인 물의가 있었던 부실공사의 근본적인 원인은 따지고 보면 제한된 여건을 기술과 관리에 의해서가 아니라 노동에 의해서 해결하려고 한 데서 생긴 문제였다.

그러므로 이런 문제를 해결하려면 기술자의 첫 관문인 대학에서 건축시공학 교육을 강화하고, 그 내용도 기능(技能)이 아니라 '기술과 관리' 가 되도록 하는 것은 너무나도 당연한 일이다.

이와 같은 견지에서 우리나라 건설의 후진성을 탈피하고 21세기 한국건설의 도약이라는 비전을 가지고 1980년에 우리나라에서 처음으로 대학원 건축학과에 '건설기술' 전공과정을 신설하였다. 그러나 그 당시 건축시공학 교육을 강화하고 그 내용도 개선되어야 한다는 나의 뜻에 동의하는 사람은 거의 없었다. 더욱이 기존 교육과정의 틀로 이 전공에 필요한 과목을 추가할 수도 없었다.

이런 문제들을 감안하지 않고 '건설기술' 전공과정을 개설한 것은 과욕이 아니었나 하고 여간 고민한 것이 아니다. 그러나 아무리 생각해도 건축이란 결국 지어야 건축이 아닌가. 그럼으로 어떻게 짓느냐(how to build)가 중요하다.

여기에 의장, 기능, 안전, 환경 등의 학문뿐만 아니라 오늘날 요구되는 경제가 필요하다.

경제란 품질을 확보하면서 공기를 단축하고 원가를 절감하는 것을 말한다.

품질을 확보하고 공기를 단축하고 원가를 절감하려면 기술과 관리가 바탕이 되어야 한다.

세계 제2차 세계대전 후 경제사회의 급속한 발달로 선진국에서는 건설에도 산업분야의 기술을 도입하여 "최소의 비용으로 최대의 효용

(效用)"이라는 경제원칙에 입각한 건설을 실시하고 있다. 또한 시행착오를 줄이기 위한 시뮬레이션[1], 최적화[2]등의 수법을 도입하고 있다. 건축생산에서도 이런 원칙이 당연히 적용되어야 할 것이다. 이 원칙을 적용하는데 가장 밀접한 관계가 있는 과목은 말할 나위 없이 기술과 경제를 다루는 건축시공학인 것이다.

이런 생각을 하니 '건설기술' 전공과정을 신설한 것은 잘한 것이라는 확신이 섰다. 그러나 이 확신을 어떻게 실현할 것인가에 대해서는 막막하였다. 그러던 중 "한 알의 밀알이 땅에 떨어져 죽지 아니하면 한 알 그대로이고 죽으면 많은 열매를 맺는다"라는 성경말씀이 떠올랐다. 그렇다, 내가 건축시공학을 위한 한 알의 밀알이 되자. 한 알의 밀알이 되려면 선구자가 되어야 한다고 생각했다.

선구자란 남이 가지 않은 길을 가야하니 고독하고, 낡은 질서를 새 질서로 바꾸려면 비난과 조소는 필연적이다. 그러나 인류 역사가 발전한 모든 분야의 발자취마다 선구자가 있었듯이 나도 우리나라 건축시공학 분야의 교육을 강화하고 개선할 선구자가 될 때 우리나라의 건축시공학 교육이 정상화될 것이라고 생각하였다.

건축시공학이라는 말만해도 비웃던 당시의 분위기에 굴복하지 않았으며 체면이나 남의 눈치도 보지 않았다.

오직 우리나라 건축시공학 교육을 강화하고 개선해야 한다는 일념뿐이었다.

비록 고독하였지만 종전 시공교육이 시공(Execution of

building works)이었던 것을 우리나라에서는 처음으로 시공기술(Construction Engineering)과 건설관리(Construction Management)가 되도록 하였다.

또한 내가 지도하는 연구실의 연구업적을 담은 '건설기술연구보고집' 을 매년 800부씩 발간하여, 그것을 전국 공과대학 건축(공)학과와 건설관련기관에 송부하여 시공학교육의 중요성을 강조하였다.

그리고 건축시공학교육의 활성화방안을 모색하기 위하여 우리나라 최초로 시공기술과 건설관리에 대한 심포지엄을 개최하였다.

시공기술교육은 일의 인과관계(因果關係)를 바탕으로 신기술, 신공법을 개발할 수 있는 창의성을 기르도록 하고, 건설관리교육은 최소의 비용으로 최대의 효용이라는 경제원칙에 의한 건설을 할 수 있는 관리 · 경영방법을 익혀야 한다는 것을 강조하였다.

이렇게 인내하고 정성을 들인지 10여년이 지난 후에 전국 각 대학에서도 건축시공학 교육의 중요성을 인정하고 전공교수를 공채하기 시작했다. 교육내용도 종전과 같은 단순시공이 아니라 '시공기술과 건설관리(CM)' 로 바뀌고 있다.

한국 건설의 새로운 패러다임을 구축해야 한다는 내 주장에 반대했던 건설 관련기관에서도 최근에는 앞 다투어 '건설관리(CM)' 의 중요성을 부르짖고 있다.

마침내 건축시공학의 선구자라는 꿈을 이루게 된 것이다. 지금 내 마음에는 비 온 후의 하늘에서처럼 아름다운 무지개가 서리어 있다.

남이 지나간 길을 가기란 쉬워도 남이 가지 않은 길을 가기란 두렵고 싫은 것이 사람의 심리이다. 그러나 남이 갈 수 있도록 건축시공학 교육이 나아가야 할 길을 낸 것을 참으로 잘한 일이라고 자부하고 있다.

1) 시뮬레이션 : 복잡한 문제를 해결하기 위하여 컴퓨터를 이용해서 모의실험을 하는 것.
2) 최적화 : 어떤 일을 그 목적에 가장 알맞은 계획으로 설계하는 것. 건설프로젝트의 계획을 수립할 때는 목 적을 달성할 수 있는 몇 개인가의 대체안 중에서 가장 좋은 계획을 선정한다.

시작이 중요하다

어느 해인가 학부를 졸업하는 L군이 인사차 나를 찾아 왔다. 가정형편상 대학원에 진학하기가 어려워 D회사에 입사하였다고 하였다.

L군은 학업성적도 우수하고 성실하여 내 전공을 이어 받았으면 하는 바람이 있었던 것은 사실이다. 그러나 무엇보다도 그 말이 지난날 방황하였던 나 자신이 연상되어 이런 기회에 꿈을 심어주고 용기를 주어야한다고 생각하였다.

공부한다는 것은 때가 있는 것인데 이런 저런 이유로 그 기회를 놓치면 영원히 후회할 것이라고 여러 가지 예를 들어 설득하였다. L군은 현실과 미래의 문제로 많이 고민하는 것 같았다. 주저하던 L군은 결국 시험에 응하였으며 대학원생이 되었다.

그 후 1년간 일본 동경대학에서 객원교수 생활을 하였다. 연구를 마치고 귀국하여 L군을 만나보니 필요 이수학점은 거의 취득하였고 졸업논문 작성에 전념하고 있었다. 대학원에 진입한지가 어제 같은데 벌써 졸업이라니 시작이 반이다 라는 말이 실감났다.

L군에게 기왕 시작했으니 박사학위도 취득해야 한다고 '시작의 중요성' 을 강조하였다. 당시만 해도 우리나라에서는 생소한 학문이던

'시공기술 및 건설관리'를 전공할 것을 권했다. 나의 말을 긍정적으로 받아들이고 미국 미시간 대학교로 유학을 가는 L군이 무척 자랑스러웠다. 과연 기대에 어긋남이 없이 소정의 과정을 마치고 공학박사 학위를 취득하였으며, 귀국 후에는 소원한 대로 학문의 길을 걷게 되었다.

L군이 뜻을 이룰 수 있었던 것은 시작의 중요성을 인식하고 예상되는 문제를 자기 나름의 각본에 따라 인내하고 실천하며 혼신의 노력을 다했기 때문이라고 생각한다.

시작이 중요하다는 것은 L군에게만 관련된 문제가 아니라 무슨 일을 하려고 할 때는 다 해당되는 말이다. 이를테면 어떤 건설프로젝트를 완성하려면 기획단계[1], 설계단계[2], 시공단계[3] 등을 거치게 된다. 이 중 가장 중요한 것은 일을 시작하는 초기의 기획 및 설계단계이다. 왜냐하면 초기단계에서 프로젝트의 의장, 기능, 안전, 환경, 공기, 품질, 예산 등의 목표를 달성하기 위한 몇 개인가의 계획안을 작성하고, 그 중에서 가장 유효한 계획안을 최종안으로 선택하기 때문이다.

그러나 우리나라는 이 계획안의 선택과정에 드는 노력과 시간, 그리고 음미 · 검토하는 밀도가 미국이나 유럽에 비해 놀라울 정도로 적은 것 같다. 프로젝트 전체에 대해 힘을 기울이는 비율이 일본인 경우는 '착상 20%, 계획 10%, 시공 70%'이라고 하는데 우리나라도 이와 비슷하다.

이는 프로젝트의 성패에 가장 민감한 계획안에 힘을 쓰기보다, 오히려 계획안을 실시하는 시공단계에 시간 · 에너지의 대부분을 쓰고 있다는 이야기가 된다. 이로 인해 초기단계의 기획 및 설계의 잘못으로 인한 설계변경을 해야 하고 이로 인하여 예산이 초과되는 경우가 많다.

어느 분은 선택한 계획안이 적절하지 않은 것은 시공단계에서 수정 또는 보완하면 되는 것으로 잘못 인식하고 있다. 심지어 무엇인가 잘못되었을 때는 그 잘못을 시공단계에 있는 것으로 오해하는 경우도 있다. 그러나 설계도서 대로 시공해야 하는 시공단계에서의 시정할 수 있는 폭은 한정되어 있다. 초기단계에서 고려했어야 할 사항을 시공단계에서 시행하려고 할 때에는 많은 비용이 들기 마련이다.

왜냐하면 프로젝트의 원가에 대한 영향력은 초기단계일수록 크고 지출은 적게 들며, 이와 반대로 시공단계에서의 영향력은 적고 지출은 크게 되기 때문이다.

그러므로 서둘러 시작하는 것보다 초기의 기획 및 설계단계에서 모든 문제를 철저하게 검토하는 것이 중요하다. 시작이 반이라는 말은 틀린 말이 아니다. 그러나 무조건 시작하라는 말은 아니다.

실수하면 어쩌지, 창피당하면 어쩌나 하고 시작하는 것을 두려워하라는 말은 더욱 아니다. 어떻게 되겠지, 하고 막연하게 시작하는 것보다 어떻게 해야 하는지를 심사숙고하고 시작해야 시행착오를 줄일 수 있다는 것이다.

사실상 모든 일에는 시작이 중요하다.

처음 시작을 잘했으면 이렇게 되지는 않았을 것을 하고 후회하는 경우가 많다. 일이 잘못되었을 때 첫 단추를 잘못 끼웠다고 한다. 급하게 서두르다보니 첫 단추를 잘못 끼운 경우를 말한다.

시작이 반이라는 말은 시간의 척도이고, 시작이 중요하다는 것은 성취의 척도를 말한다고 볼 수 있다.

1) 기획단계 : 새로운 일을 시작하려고 할 때 최초에 행하는 계획을 하는 단계.
2) 설계단계 : 기획단계에서의 계획을 바탕으로 건축물이나 구조물의 도면을 작성하는 단계.
3) 시공단계 : 설계단계에서 작성된 도면에 따라 실제로 건축물이나 구조물을 짓는 단계.

새 술은 새 부대에

새 술은 새 부대에 담아야 한다는 말이 있다. 이것은 "새 포도주를 낡은 가죽부대에 넣는 자는 없다. 만일 그렇게 하면 새 포도주가 부대를 터뜨려 포도주가 쏟아지고 부대도 못쓰게 된다" 라는 성경에서 유래된 것이다.

옛날에는 병이 없었기 때문에 포도주를 가죽부대에 넣었다고 한다. 가죽이 새것일 때는 탄력이 있으나 헌 것일 때는 탄력이 없어진다. 새 포도주는 발효가 계속되므로 가스를 발생시키고, 이 가스가 압력의 원인이 된다. 가죽부대가 새것이면 그 압력에 견딜 수가 있으나 헌 것은 탄력이 없어 찢어져서 포도주와 가죽부대를 모두 잃게 된다는 것이다.

한편 새 포도주를 낡은 부대에 넣으면 그 안에 있는 다른 것과 혼합되고, 그렇게 되면 제 맛을 내지 못한다고 한다.

따라서 새 포도주는 새 부대에 넣어야 한다는 것이다. 이것은 새 포도주는 낡은 부대에 담지 말고 새 부대에 담아야 한다는 경고의 뜻으로도 해석이 된다. 여기서 새 포도주를 '새로운 것' 으로 낡은 가죽부대를 '기존의 법이나 제도' 로 바꾸어 생각해 보자.

사람이란 새로운 것, 잘 알려지지 않은 것에 대해서는 두려움이 있어 그것을 받아드리기를 거부하거나 꺼린다. 그리고 지금까지의 습관이나 방식을 새롭게 바꾸려는 것을 마음 내키지 않게 여기거나 못 마땅하게 생각하는 습성이 있다. 이와 같은 생각이 개혁이라고 할까, 개선을 가로막는 큰 원인이 된다.

새로운 것이란 문화의 발전에 필요불가결한 것이지만 초기에는 이런 저런 이유로 수용하기를 거부하거나 어정쩡하게 받아드리는 경우가 있다. 왜 이와 같은 현상이 생기느냐하면 잘 모르는 것을 받아드리기를 꺼리는 인간 본능과 무엇보다도 지금까지 익숙한 방법이나 제도에 집착하려는 경향이 있기 때문이다.

최근 건설프젝트는 점점 대규모화되고 기술적으로 고도화, 복잡화되었으며 이에 더해 스피드와 경제성을 중시하게 되었다. 이런 문제를 해결하기 위해서 종전과 같은 설계 · 시공 · 분리방식[1] 외에 새로운 공사수행방식의 필요성이 제기되었다. 그리하여 선진국에서는 일찍부터 턴키방식[2], 그리고 CM방식[3] 이라는 새로운 공사수행방식이 출현하였다.

우리나라에서도 건설의 세계화에 순응하기 위해서는 새로운 공사수행방식을 도입해야 한다는 목소리가 높아져 우여곡절 끝에 정부에서도 턴키방식과 CM방식을 수용하였다. 그러나 새로운 공사수행방식을 건설에 적용한 지 근 20년이 넘어서고 있지만 그 효과는 기대하는 만큼 크지 않으며 예기치 않은 잡음도 생겼다.

그 원인에는 여러 가지가 있겠지만 무엇보다도 문제가 되는 것은 새로운 공사수행방식인 턴키방식, CM방식을 종전의 설계 · 시공분리방식의 틀 안에서 수행하려는데 있다. 새로운 공사수행방식인 턴키방식이나 CM방식의 조직은 종전의 공사수행방식의 조직과는 다르다. 그럼에도 불구하고 우리나라에서는 종전의 방식에 집착한 나머지 새로운 턴키방식이나 CM방식의 조직을 외면하는데서 문제가 생긴 것이다. 또 하나의 문제는 종전의 조직과 상이한 새로운 공사수행방식은 당연히 이에 합당한 법과 제도로 실시되어야 할 것이다. 그러나 현재 새로운 공사수행방식은 종전의 법과 제도에 끼워 넣기 식으로 운영하고 있다. 이로 인해 새로운 공사수행방식의 이점을 충분이 발휘하지 못하고 있다.

끼워 넣기란 새로운 공사수행방식의 가치를 새로운 관점에서 생각하지 않고 지금까지 해오던 방식으로 보려는 것을 말한다. 이렇게 되면 새로운 공사수행방식의 장점인 스피드와 경제성을 기할 수 없을 것이다. 그리고 새로운 공사수행방식이 노리는 기술개발에도 큰 진전을 보지 못할 것이며, 불필요한 중복 업무가 생겨 오히려 혼란스럽게 될 것이다.

한 예로 지금 우리나라에서 감리[4]와 CM[5]이 혼동되고 있는 것은 종전의 공사수행방식과 새로운 공사수행방식의 차이점을 분명히 하지 못한데서 생긴 것이다.

오늘날의 세계는 글로벌화 되어가고 있으며 건설도 예외는 아니다.

현재 우리나라에서 실시되고 있는 CM은 미국이나 영국 등에서 실시되고 있는 CM과는 조직이나 제도가 다르다. 어느 분은 우리나라에서 시행되고 있는 CM은 우리나라 실정에 맞는 한국형CM이라고 한다. 그러나 건설의 세계화라는 추세에 비추어 과연 한국형CM으로 국제사회에서 통용될 수 있으며 경쟁에서 승리할 수 있을 것인지에 대해서 심각하게 생각해봐야 할 것이다.

그리고 또 하나 명심해야 할 것은 종전의 공사수행방식이 무조건적으로 나쁘다는 것은 아니다. 건설 프로젝트에 따라서는 종전의 방식이 유리할 때도 있다. 그럼으로 종전의 공사수행방식으로 발주되는 건설 프로젝트는 기존의 법과 제도를 준수해야 한다. 이에 반해 새로운 공사수행방식으로 발주되는 프로젝트는 그 나름의 장점을 최대한으로 살리기 위해 새 방식에 맞는 조직과 법과 제도가 마련되어야 할 것이다.

새 술은 새 부대에 담아야 한다는 말을 되새겨 볼 필요가 있다.

1) 설계 · 시공 분리방식 : 설계와 시공을 분리해서 시행하는 공사수행방식이다.
2) 턴키방식 : 발주자는 일반사항만을 제시하고 건설업자가 설계와 시공을 일괄해서 실시하는 공사수행방식이다. 일명 설계 · 시공 일괄방식이라고도 한다.
3) CM방식 : 발주자로부터 위임받은 조직이 건설공사 전반을 관리해서 실시하는 공사수행방식이다.
4) 감리 : 설계도서대로 공사하도록 감독하고 관리하는 것.
5) CM : 공사의 성공을 위해서 수행하는 관리활동.

노하우

건설은 많은 요소기술(要素技術)이 동원되고 상호 연결되어 소정의 프로젝트를 완성해 가는 분야이다.그러므로 현장에서의 기술은 의도에 따라 수시로 개량하고 발전시킬 수 있다. 이 과정에서 특허하지 않은 기술이지만 기술경쟁의 유력한 수단이 되는 정보나 경험에서 나온 비밀을 노하우(know-how)라고 한다. 이 노하우는 어떤 일을 정확하고 능률적으로 하는데 큰 영향을 미치고 신기술 · 신공법개발의 선도적 역할을 한다.

1962년 미국에서 공부할 때 난방에 관한 강의가 있었다. 바닥에 코일을 매설하고 전기를 보내는 복사난방(輻射煖房)[1)]에 대한 것이었다. 이것이 여러 난방방법 중 가장 좋은 방법이라고 하였다.

교수가 말하기를 이 난방방법의 오리지널은 한국 온돌이며, 한국은 아직도 2,000년 전의 것을 쓰고 있는데 미국에서는 이것을 개량하여 현대화한 것이라고 하였다. 나는 이 말을 듣고 깜짝 놀랐다. 우리 전통건축에 이렇게 좋은 것이 있는데 어찌하여 우리는 현대화하지를 못했을까? 하고 아쉬운 생각이 들었다.

나는 도서관에 가서 교수가 지정한 책을 찾아보았다. 과연 우리나라 기와집 평면도[2]와 단면도[3]가 있고 바닥부분에 아궁이, 고래 그리고 굴뚝이 있었다. 그런데 교수가 말한 현대식 복사난방이란 열원이 되는 아궁이와 바닥을 지지하는 고래를 없애고 대신 전기코일을 매설한 것에 지나지 않았다. 이 그림을 보면서 신기술, 신공법이란 어려운 것이 아니구나 하는 생각이 들었다. 다만 우리는 현재의 것을 더 좋게 개량하고 더 효율적으로 개선해야 한다는 문제의식이 없었고, 이런 문제의식을 개발 발전시키려는 첫 시도가 노하우라는 것을 알지 못했던 것이다.

진실로 노하우란 지금의 것을 보다 좋고 새로운 것으로 개선 또는 개량하려는 관심에서 시작된다. 그 관심 안에 숨어 있는 문제점이 무엇인가를 도출하고, 그 문제점을 해결하기 위하여 여러 가지로 탐색시행(探索試行)을 하면 그 중에서 가장 유력한 방법이 바로 노하우가 되고, 이 노하우를 논리적으로 증명할 때 신기술, 신공법이 된다고 생각하였다. 이런 노하우는 비록 건설기술에서 뿐만 아니라 우리의 생활주변에서 의 · 식 · 주를 개선하고 개량하는데도 필요하다. 나는 농촌에서 태어났고 주로 집에서 생산하는 농작물을 먹고 자랐다. 어릴 때에는 밭에서 수확한 밀을 가루로 해서 만든 칼국수를 많이 먹었다. 그런데 어머님은 밀가루를 반죽할 때 생콩가루를 섞어서 반죽하였다. 내가 생각하기에는 볶은 콩가루를 넣어야 맛이 좋아질 것 같은데 어머님은 아니라고 하였다. 어머님은 그 이유는 모르지만 생콩가루를 넣고 반죽

해야 국수가 맛있다고 하였다. 어머님은 누군가에 의해서 전래된 이 노하우를 알고 계셨던 것이다. 이런 노하우란 그 근본원리를 몰라도 존재할 수가 있다. 밀가루 반죽을 할 때 생콩가루를 넣어야 국수 맛이 좋아진다는 노하우를 발견한 사람은 여러 가지 탐색시행을 해 보았을 것이며 볶은 콩가루를 섞어 보기도 하였을 것이다.

오늘날에는 밀가루에 생콩가루를 섞으면 효소작용으로 국수의 질과 맛이 좋아진다는 노하우의 인과관계가 학문적으로 증명되었다. 그리고 볶은 콩가루는 효소가 죽음으로 인하여 국수의 맛을 향상시키지 못한다는 것도 알아냈다. 진실로 노하우의 개발은 건설기술에 관한 일이건 기타 우리 생활주변에서의 일이건, 그 일이 크고 작고 간에 어떻게 하면 보다 질을 좋게 하고 능률적으로 할 수 있을까하고 관심을 갖는 데서 시작이 된다. 오늘날 건설환경은 급격히 변천되고 있다. 이에 수반해서 건설기술도 발전되고 있다. 기술이란 살아 움직이는 것으로 오늘의 신기술은 내일이면 구기술이 되기도 한다. 그러므로 재래식 기술이나 공법을 개선하기 위한 첫 단계인 노하우의 개발은 끊임없이 이어져야 하고 그 중요성을 아무리 강조해도 지나치지 않을 것이다.

1) 복사난방 : 바닥 · 벽 · 천장 등에 배선하여 전기를 보내어 복사열로 실내를 따뜻하게 하는 방법. 배선 대신에 배관하여 거기에 더운물이나 증기를 보내어 복사열로 따뜻하게도 한다.
2) 평면도 : 건축물을 바닥 위 약 1m정도의 높이에서 수평으로 자른 부분을 수평면으로 표시한 도면이다.
3) 단면도 : 건축물을 바닥면에서부터 수직으로 자르고 그 잘린면의 외형과 거기로부터 앞쪽으로 보이는 벽, 창호 등의 입면을 표시한 도면이다.

100년을 기다리는 마음

1984년도에 일본 동경대학에서 일 년간 객원교수로 연구한 적이 있다. 굳이 일본을 택한 것은 일본은 의 · 식 · 주 등의 생활방식이 우리와 유사하고 무엇보다도 건축방법이나 쓰이는 재료 등이 우리나라와 비슷한 점이 많아 내 전공에 도움이 될 것 같아서였다.

또 하나의 이유는 일본이 제2차 세계대전의 패배로 황폐화된 상태에서 고도성장과 함께 이룩한 건설의 근본적인 저력이 무엇인가를 알고 싶어서였다. 국내에서 일본에 관한 이야기를 많이 들었다. 그러나 그 대부분은 과거 일본의 역사적인 침략행위에 대한 한 많은 민족적인 울분에 관한 것이다. 그 외의 것에 대한 것은 솔직히 잘 알지를 못하였다.

다행히 일본의 대형 건설기술연구소 및 기타 기술연구소를 방문견학 할 수가 있었다. 일본의 대형 건설회사인 다이세이(大成), 가지마(鹿島), 다케나카(竹中), 시미스(淸水) 등의 건설기술연구소의 규모와 조직은 어마어마하였다.

각 기술연구소마다 하나같이 최신 실험시설을 갖추었고, 구조 · 재료 · 시공 · 환경 분야마다 박사급 연구 인력이 200명에서 300명이나 되었다. 그 당시 우리나라의 건설회사에는 건설기술연구소가 없었으며 다만 건설부 건설연구소가 있었는데 규모 면이나 조직 면에서 일본 1개 건설회사의 기술연구소와 비교가 되지 않는 초라한 것이었다.

건설회사마다 이렇게 큰 건설기술연구소를 갖추고 있는 이유를 알아보았다. 일본에서는 1970년도 이후부터 건설회사에서 설계와 시공을 일괄 수주할 수 있도록 제도화하여, 대형공공공사는 설계 · 시공 일괄방식[1]으로 발주하였다. 이 때 입찰 평가시 신기술, 신공법의 개발 실적이 많은 회사에 인센티브를 주었다.

이로 인해 건설회사마다 대형 기술연구소를 갖추고 신기술 · 신공법 개발에 온 힘을 경주하고 있었다. 이것이 바로 일본의 건설기술을 발전시키는 원동력이 되고 있었던 것이다. 일본은 정부에서 정책을 통해 건설회사로 하여금 신기술 · 신공법을 개발하도록 장려하고 있었다. 이와 같은 제도는 우리나라에도 시급히 도입할만한 좋은 시책이 아닌가 생각되었다.

규모가 작은 회사의 기술연구소도 특정한 분야에서는 큰 회사의 건설기술연구소에 뒤지지 않은 연구를 하고 있었다. 일본 시멘트기술연구소에 견학 갔을 때의 일이다. 이곳의 주 연구는 콘크리트 균열을 최소화하는 연구와 콘크리트 내구성(耐久性)에 대한 연구였다.

내부의 실험실을 견학한 후 옥상으로 안내받았다. 옥상에는 공시체(供試體)가 약 40개가량 놓여있었다. 공시체란 콘크리트의 물리적인 성질을 알아내기 위해 원주(圓柱)형으로 만든 작은 콘크리트의 실험체이다. 그런데 그 공시체에 파란 이끼가 낀 것으로 보아 상당히 오래된 것 같았다.

나를 안내하는 분이 공시체의 재령(材齡)[2]이 얼마나 되겠느냐고 묻기에 이끼가 낀 것으로 보아 약 20년은 된 것 같다고 대답하였다. 그랬더니 이들 공시체의 재령은 금년으로 97년이고, 앞으로 3년 후 재령 100년이 되면 공시체를 실험한다고 하였다. 콘크리트의 내구성을 정확히 측정하려면 100년이 필요하다고 하였는데 그 실험을 위해서 지금껏 양생(養生)[3]하고 있었던 것이다.

100년 이라면 공시체를 만든 지 적어도 3~4대는 되었다는 것이 아닌가? 그 간에 사회경제가 급격히 변화하고 사고방식이나 가치판단도 바뀌었을 것이다. 그런데 연구자의 뜻을 이어받아 콘크리트의 내구성을 정확히 측정하기 위해 지금껏 공시체를 양생하고 있다니 놀라지 않을 수가 없었다. 더구나 2차 대전 때 동경시가 폭격으로 초토화가 되는 과정에서도 이들 공시체를 소중히 보관하고 이렇게 긴 세월 동안 양생하고 있다니 말이다.

일본 사람은 꼼꼼하기는 하나 성질이 급하다는 말은 들었지만, 이 작은 공시체에 담겨있는 진리를 규명하기 위해 100년이나 참고 기다릴 줄 아는 인내심이 있는 줄은 몰랐다. 일본 사람은 참으로 무서운 국민이라는 생각이 들었다.

처음에는 연구소의 규모가 크고 연구 인력이 방대한 것에 놀랐다.

그러나 우리나라도 앞으로 경제성장이 되면 이보다도 더 훌륭한 기술 연구소를 가질 수 있으며 더 훌륭한 실험기기와 연구 인력을 갖출 수 있다는 생각으로 자위하였다. 그러나 97년 된 콘크리트의 공시체를 보고 우리나라에서도 100년을 기다리는 것과 같은 연구를 할 수 있을 것인가에 대해서는 비관적인 생각이 들었다.

오히려 우리나라 사람이 일본 사람에 비해서 참을성이 부족하고 앞을 내다보는 비전이 없는 것 같다. 진실로 일본을 이기려면 아니 일본에 앞서려면 감정만 가지고서는 안 될 것이고 비전이 있어야 하고 실력이 있어야 할 것이라는 것을 절실히 느꼈다.

1) 설계 · 시공 일괄방식 : 턴키방식.
2) 재령 : 콘크리트를 친 후 지나간 햇수.
3) 양생 : 콘크리트를 완전히 굳히기 위하여 얼마동안 가마니 따위로 덮거나 물을 뿌리거나 하여 보호하는 일.

뒤를 돌아보지 마라

1992년 바로셀로나 올림픽 마라톤 경기에서 우승한 황영조 선수가 가장 후회하는 것은 골인 테이프를 끊은 후에 태극기를 몸에 걸치고 주 경기장을 돌면서 많은 관중들의 환호를 받지 못한 것이라고 하였다. 황 선수는 골인 하자마자 지쳐 기절했기 때문이다. 그러나 한편으로 생각하면 뒤를 돌아보지 않고 죽을 힘을 다하여 뛰었기 때문에 우승한 것이라고 볼 수 있다.

특히 0.01초라도 더 빨리 달려야 하는 단거리 육상선수들에게 뒤를 돌아보는 것은 금기사항이라고 한다. 달리다 뒤를 보면 자기가 앞서 있다는 것에 순간적으로 집중력이 떨어지고 긴장이 풀리어 다리에서 힘이 빠져 추월당한다고 한다.

이런 것이 어찌 육상선수에게만 적용되는 일이겠는가? 인생이라는 경주 속에 살고 있는 우리들은 무슨 일을 하던지 뒤를 돌아보지 말고 죽을힘을 다하여 달려가야 결승점에 도달할 수 있을 것이다.

앞을 보고 달려가야 하는데도 불구하고 뒤를 돌아보는 것은 의지가 약해졌을 경우나 이 길은 내가 가야할 길이 아니라고 후회할 때이다. 그러나 인생의 경주에서 쉬운 길이 어디 있으며 용이한 결승점이 어디 있겠는가? 어느 길로 가던지 무슨 일을 하던지 전문가나 일인자가 되려면 부단한 노력과 이에 수반하는 고통을 극복해야만 한다.

고향에 S라는 청년이 있었다. 그는 집안이 가난하여 대학의 문턱에도 가보지 못했다. 그러나 젖소 목장을 이루는 꿈을 실현하기 위하여 조금도 시간을 낭비하지 않았다. 그는 어렵게 새끼 젖소를 한 마리 사서 기르기 시작했다. 가축관계 서적을 구해서 밤새워 공부하고, 모르는 부분은 전문가를 찾아가 배웠다. 차츰 젖소의 수가 많아지자 이번에는 사료가 문제였다.

자금이 없어 배합사료를 살 수가 없었으며 먼 곳에서 볏짚을 사다가 먹여야만 했다. 트랙터는 도로교통법상 새벽에만 운행할 수가 있었다. 볏짚을 운반하기 위해 추운 겨울 새벽 2시에 담요로 배를 이중 삼중으로 휘어 감고 트랙터를 몰아도 새벽 찬바람으로 창자가 뒤틀어지는 고통에 눈물을 흘린 적이 한두 번이 아니었다. 그러나 편안함, 후회, 원망, 불평 등이 손짓하는 뒤를 절대로 돌아보지 않았다.

앞을 내다보고 나가는 발자국마다 글자 그대로 땀이요 눈물이었다. 그러나 길을 가면서도 어떻게 해야 소를 건강하게 기를 수 있을까, 어떻게 소를 돌봐야 우유를 많이 생산할 수 있는가 하는 것을 생각하고 연구했다.

이렇게 고생한 지 30년이 지나 그는 마침내 꿈에 그리던 젖소 농장을 이루었다. 또한 성실하고 근면하며 창의성이 있다는 것을 인정받아 조합원이 선출하는 대전 충남우유협동조합 조합장을 세 번이나 연임하였다.

우리가 살아가면서 뒤를 돌아보지 말고 달려가야 삶의 경쟁에서 승리할 수 있다는 것은 운동이나 축산업이나 기타 어떠한 직업에서나 다 마찬가지이다.

사람의 마음이란 약한 것 같으면서도 결심 여하에 따라서는 강철과 같이 강인해지고 불가능하다고 생각되는 어려움도 극복할 수 있게 한다.

S군은 이루려는 의지가 확고했고 그에 따른 고생과 인내와 단련을 무서워하지 않았다. 그리고 목표를 정하고 달리면서 절대로 뒤를 돌아보지 않았다. 이에 더해 우유의 생산성을 높이고 수요자에게 보다 좋은 질의 우유를 제공하려는 사명감이 있었다.

누군가는 앞만 보고 달리는 것이 사회적으로나 국가적으로 도움이 되겠지만 개인적으로는 고달프고 외롭게 되니 조심하라고 한다.

그러나 삶의 경주에서 고달프고 외로움 없이 승리할 수 있는 일은 아무것도 없을 것이다,

김연아의 눈물

오늘은 김연아의 프리스케이팅 연기가 있고, 하루 전에 실시한 쇼트스케이팅 점수가 합산되어 우승 여부가 결정되는 날이다. 쇼트스케이팅 점수는 김연아가 라이벌인 일본의 아사다 마오 보다 4.72점 앞서 있었지만 그 점수는 프리스케이팅에서 역전될 수 있다고도 하며, 아사다 마오는 프리스케이팅 연기를 잘한다는 말을 들은지라 솔직히 말해 은근히 걱정이 되었다.

이 경기장면을 보기 위해 일을 끝낸 후 즉시 집에 와서 TV를 켰다. 마침 경기를 끝낸 김연아의 얼굴에는 눈물이 흘러내리는 것이 보였다.

경기 중에 실수가 있어 아쉬워서 흘리는 눈물인가 싶어 여간 마음이 아픈 것이 아니었다.

그런데 바로 화면이 바뀌며 오서 코치가 박수치며 손을 불끈 드는 장면을 보니 김연아가 실수해서 흘린 눈물은 아닌 것 같았다. 과연 화면에 김연아의 프리스케이팅 점수가 150.06이고 종합점수는 228.56이라는 숫자가 나왔다. 이 점수는 모두 세계신기록이라고 하였다.

프리스케이팅 점수가 138점만 돼도 아사다 마오가 따라오지 못할 것이고 우승할 것이라고 마음속에서 계산하고 있었는데 지금 화면에 나온 점수는 내가 기대했던 점수보다도 훨씬 높은 점수였다.

이어 아사다 마오의 프리스케이팅 연기가 시작되었다. 피겨 스케이팅에 대해서 잘 모르지만 김연아의 연기에 아사다 마오는 압도당한 듯 얼굴이 굳어 있었고 연기 중간에 실수가 많은 것 같았다. 연기가 끝난 후의 아사다 마오의 점수는 131.72이고 종합점수는 205.50이었다. 무려 그 차이가 23.06점이나 되었고 결과는 김연아의 당당한 우승이었다.

재방송되는 김연아의 4분9초간의 연기내용을 보고서야 김연아가 얻은 점수가 당연한 것임을 알 수 있었고, 경기를 끝난 뒤 흘린 눈물의 의미를 알 수가 있었다.

김연아는 다른 선수들보다도 다리가 길고 날씬하며 균형 잡힌 몸매에 얼굴도 예뻐, 입고 있던 파란 옷과 너무나도 잘 어울렸다.

음악이 흘러나오자 움직이는 몸동작은 마치 선녀가 하늘에서 내려와 춤을 추는 것처럼 보였다. 물이 흐르듯 유연하게 움직이는 곡선, 나비처럼 움직이는 손놀림, 때로는 허공을 찌를 뜻한 회전과 점프, 어느 한 곳도 어색함이 없이 부드럽게 움직이는 그녀의 율동을 보면서 나의 마음은 감동에 사로잡혔다.

얼마나 고생이 많았을까? 얼음 위에서 얼마나 많이 엉덩방아를 찧었을 것인가? 넘어져 다친 곳은 얼마나 많았을까? 지금 나이 20세라니

하고 싶은 일이 얼마나 많았을까? 14년 동안 얼음 위에서만 생활했다니 얼마나 고달프고 외로웠을까? 그렇게 멋있고 아름답게 얼음 위에서 춤을 추는 김연아를 바라보던 나는 가슴이 뭉클해졌다.

김연아는 그간에 연습한 대로 전혀 당황하지 않고 경기를 마치고 난 후 그 얼굴에 눈물을 흘리고 있었던 것이다. 그 눈물은 그 순간 이 연기를 위해 그간의 고통과 고생을 참은 것과 실수 없이 최선을 다한 연기에, 무거웠던 짐을 내려놓는 순간이 왔다는 것에 자기도 모르게 흘린 감사의 눈물이었을 것이다. 그것은 김현승 시인의 '눈물'에 나오는 시처럼 피겨라는 옥토에 흘린 살아 있는 생명의 눈물이었다.

더러는
옥토에 떨어지는 작은 생명이고저…
흠도 티도
금가지 않은
나의 전체는 오직 이뿐!

더욱 값진 것으로
드리라 하올 제

나의 가장 나중 지니인 것도 오직 이뿐!
아름다운 나무의 꽃이 시듦을 보시고
열매를 맺게 하신 당신은

나의 웃음을 만드신 후에
새로이 나의 눈물을 지어 주시다

정말로 김연아의 피겨 연기 후의 눈물은 많은 사람에게 '고통 없이 이루어지는 것은 없다' 는 진리를 보여준 정직하고 깨끗한 것이었으며, 어떻게 사는 것이 멋있는 삶인지를 일깨워 주는 교훈이었다. 태연하게 조금도 중압감을 느끼지 않고 유유히 연기를 하는 김연아의 강한 심장과 정신력도 지난 14년 동안의 강훈련과 올림픽에서 우승하려는 집념의 결과였을 것이다.

다음 날 조간신문에 나온 김연아의 피땀으로 만들어진 주름진 발바닥과 피겨 부츠를 오래 신은 탓으로 새끼발가락이 약간 발바닥 쪽으로 말려들어간 사진을 보고 또 한 번 가슴이 벅차올랐다.

세상만사가 김연아의 눈물과 같이 옥토에 떨어지는 눈물 없이 이루어지는 기쁨은 아무 것도 없을 것이다.

2 / 사랑

내 사랑 건설기술연구실

대학원 '건설기술' 전공과정에 진입한 제자들의 학문의 연마장이요 인격도야의 훈련장이 건설기술연구실이었다. 또한 이곳은 21세기 한국건설의 세계화에 앞장서고 이에 순응할 수 있는 인재를 기르는 곳이었으며, 나의 교수생활 중 가장 심혈을 기울이고 정성을 다했던 곳이기도 하다. 그러나 건설기술을 단순시공으로 여겼던 30년 전에는 이 전공에 대한 학문적인 이해를 하고 받아드리는 사람이 거의 없었다. 오히려 주변으로부터 이상한 전공이 생겼다고 환영은 고사하고 비웃음을 받았다. 그리고 얼마가지 않아 건설기술연구실은 문을 닫을 것이라고 수군거렸다.

더욱 난처한 것은 고정된 교육과정으로 전공에 필요한 과목을 추가할 수 없었고, 전국적으로 건설기술을 전공한 교수가 없어 외래강사를 모실 수도 없었다. 이런 상황에서 어떻게 해야 이 전공을 활성화시킬 수 있을지 이만 저만 고민이 되는 것이 아니었다.

이런 문제를 해결하려면 창의적인 노력으로 주변의 우려를 불식시켜야 하고 기존 연구실과는 상이한 방법으로 연구실을 운영해야 한다고 생각했다. 무엇보다도 연구실 나름의 혼이 있어야 하고 혼을 익히려면 이에 합당한 가이드라인이 있어야 할 것이라고 생각했다. 나의 지시에 따라 현재 SC대학교 교수로 있는 H군이 가이드라인을 만들었으며 '연구실 내규'라고 했다. 그 핵심은 '책임', '창의', '협동', '화목'으로 하였다. 이 내규에 의해서 건설기술연구실에 진입한 자는 누구나 건설기술자로서의 혼, 즉 전공지식과 인격을 갖추도록 한 것이다.

아무런 지원을 기대할 수 없는 현실에서 부족한 전공과목은 독자적인 노력으로 보완할 수밖에 없었다. 이것은 책임과 창의를 바탕으로 극복하려고 하였다. 해당과목마다 사전에 각자 예습할 분량을 배정하고 지정한 날에 발표하도록 했다. 즉 자기가 맡은 과제에 대해서 책임지고 공부하고 준비하도록 했다. 그리고 발표 후에는 상호 토론에 의해서 새로운 생각이나 개념을 찾는 창의성을 기르도록 한 것이다. 이런 과정이 계속됨에 따라 무엇을 연구해야 할 것인가에 대한 분별력을 갖기 시작했다.

어느 한 부분이 고장이 나면 전체의 기계가 돌아가지 않는 것과 같이, 만일 자기가 발표할 몫을 책임지지 못했을 때는 건설기술연구실의 계획된 교육스케줄에 차질이 생겨 진행할 수 없는 시스템이 되도록 했다. 그리하여 절대로 태만하거나 적당히 넘어갈 수 없게 하였다.

건설이란 태생적으로 불확실 요인이 많고, 다양한 직종, 여러 사람과 같이 일을 해야 하기 때문에 지식뿐만 아니라 이들과 상부상조할 수 있는 인격이 있어야 한다. 이와 같은 인격은 이웃과 협동할 수 있는 인품에 의해서 형성될 것이라고 생각했다. 이런 연유로 기회 있는 대로 현장 견학을 하여 협동의 중요성을 인식시켰다. 또한 협동하는 훈련으로 그룹별 연구 활동을 통해 서로 부족한 점을 보완하는 중요성도 강조하였다.

화목은 서로 만나 말이나 인사를 교환하는데서 생긴다고 생각하고 연구실 모임이나 석 · 박사 학위 취득시에는 재학생은 물론 졸업생도 참여하여 서로 축하하고 위로하고 격려하는 자리를 마련했다. 매년 5월 5일은 연구실 총동원 친목야유회일(지금은 Homecoming Day로 개칭)로 정했다. 이 날에는 재학생, 졸업생 그리고 가족이 모두 함께 모였으며 그 화목한 자리는 너무나도 아름다웠다.

초창기의 건설기술연구실의 활동은 무에서 유를 찾으려는 비장한 몸부림이었는지도 모른다. 건설기술연구실은 밤에도 불이 꺼지지 않았다. 물론 여름방학, 겨울방학도 없었다. 스케줄에 따라 조직적으로 연구생활을 하는 건설기술연구실을 군대와 같다고 조롱하는 분도 있었다. 그러나 건설기술연구실의 학문적인 업적은 날로 더해갔으며 대외적으로도 주목받기 시작했다. 건설기술연구실이 없어지기는 커녕 매년 건설기술연구실에 진입하려는 학부졸업생이 많았으니 참으로 아이러니컬한 일이었다.

진실로 건설기술연구실은 21세기 한국건설의 패러다임을 구축하기 위한 요람지요 수련장이었다. 남이 가지 않은, 남이 가기 싫어하는 길을 개척하고 이 길의 선구자가 되어야겠다는 혼이 살아 있는 연구실이었다. 그 안에서 나는 제자들과 혼연일체가 되었고, 그 안의 제자는 나의 희망이고 내 인생이었다. 건설기술연구실은 내 사랑이었으며 내 눈물이었다. 건설기술연구실의 제자들이 밤하늘의 별들과 친구가 되고 아침 이슬과 속삭이며, 꿈을 실현하기 위해 애쓰는 모습을 볼 때마다 벅찬 감동으로 눈시울이 뜨거워질 때가 한두 번이 아니었다.

건설기술연구실! 그 안에서 나는 정직하게 살았으며 퇴임한 지금도 그 안에 살고 있다. 그 안에서 고독을 달랬으며 내 삶의 진실과 우주를 발견할 수가 있었다. 봄, 여름, 가을, 겨울에 따라 자연은 변하고 세월은 흘러갔지만 건설기술연구실의 활기찬 모습만은 변하지 않고 늘 내 곁에 있다.

정년퇴임한 다음 해에 후임 교수가 부임하였다. 마침내 건설기술연구실의 명맥이 이어지게 된 것이다. "네 시작은 미약하였으나 네 나중은 창대하리라" 라는 성경 말씀대로 건설기술연구실이 창대하게 되어, 세계가 주목하는 건설기술연구실이 되고 훌륭한 인재가 많이 배출되는 건설기술연구실이 되기를 간절히 기원하고 있다.

이제 건설기술연구실을 위한 아름다운 단풍이 되려고 한다. 나뭇잎에 단풍이 드는 것은 고별을 알리는 아픔이기도 하다. 그러나 나무에게 마지막 사랑을 베푸는 단풍은 얼마나 멋이 있는가? 이와 같이 나도 아름다운 단풍이 되어 건설기술연구실과 그 제자들에게 오래오래 사랑을 남기고 싶다.

그날 밤의 별

누구는 겨울방학에 용평 스키장에 가족과 함께 가서 즐겼다고도 하고 또 누구는 더운 나라로 여행을 갔다 왔다고도 한다. 더러는 개인적인 시간을 가지고 책도 보고 취미 활동도 했다고 한다. 얼마나 낭만적이고 단란한 시간을 보냈을까 하고 부럽기도 하였다.

그러나 나는 현 교육과정상 부족한 전공과목을 보충하기 위해 여름방학은 물론 겨울방학까지도 이용할 수밖에 없었다.

여름방학에는 해가 길고 춥지도 않아 늦어도 느긋하였지만, 겨울방학에는 해가 짧고 어둠이 빨리 오며 만물이 정지되어 있는데다 춥기 때문에 늦어지면 늦어질수록 적막감이 더하였다. 그리고 방학기간에는 난방이 끊겨 석유난로로 실내 온도를 유지해야 했다. 그렇지만 주변이 고요하고 산만하지 않은 겨울방학 때가 계획된 과목에 대한 보충수업은 물론 연구에도 더 집중할 수가 있었다.

제자들에게 일방적으로 방학을 반납하게 하고 연구실에 나오게 한 것은 나의 독선이었다. 나의 마음속에는 21세기 한국건설의 선진화를 위한 인재를 길러야 한다는 일념뿐이었다. 이를 위해서는 부족한 전공 과목을 보충해야하고, 그렇게 하려면 어쩔 수 없이 방학을 이용할 수 밖에 없었다. 이런 뜻이 훗날에 감사가 되고 삶의 지혜가 되기만을 간절히 바라며 하루의 일과를 시작하곤 하였다.

오전에는 계획된 교육스케줄에 따라 복사한 교재를 바탕으로 세미나 형식으로 수업을 하였다. 오후에는 경영관리 · 기술재료 등으로 그룹을 분류하고 연구 과제를 할당하였으며, 외국의 학술지에 실린 논문을 참고하며 공부하도록 하였다.

그날의 마지막 시간에 신기술 · 신공법 개발접근방법을 설명하고 싶었다. 어떻게 신기술 · 신공법 개발접근방법을 쉽게 이해시킬 수 있을까 생각하다가 1983년에 일본에서 오리지널한 연구라고 크게 주목을 받았던 SEC콘크리트공법에 대한 것을 예로 들었다.

이 공법을 개발한 사람은 작은 레미콘 회사의 사장이었다. 그는 어떻게 하면 콘크리트의 품질을 향상시킬 수 있을까 고심하던 중 시멘트와 모래를 물로 섞을 때 거품이 생기는 것을 보았다. 혹시 이 거품으로 인하여 콘크리트에 모세관(毛細管)이 생겨 질이 떨어지는 것이 아닐까 생각하고 탐색적인 실험을 여러번 하였다.

그 결과 모래의 함수율(含水率)을 일정하게 했을 때에 콘크리트의 질이 제일 좋아진다는 것을 알아냈다. 그는 여러 가지 실험을 통하여 이 노하우의 인과관계를 증명한 논문을 작성했으며 일본 동경대학 대학원 토목공학과에서 창의성이 있는 논문이라고 인정받아 공학박사

학위를 수여받았다. 그리고 SEC콘크리트공법이라는 특허를 취득하였다.

이와 같이 신기술 · 신공법을 개발하려면 어떻게 하면 현재의 기술이나 공법의 품질이나 서비스를 향상시킬 수 있을까 하는 아이디어를 발상해야 한다. 그리고 그 아이디어에 대한 문제점을 도출하고 그 문제점을 개선하기 위한 탐색적인 실험을 통하여 신기술 · 신공법을 개발할 수 있으며, 그 이론을 정립할 때 좋은 논문이 된다고 말했다.

논문의 좋고 나쁨은 마치 음식의 맛과 같다. 보기에는 먹음직스러운데 씹어보면 맛이 없는 음식도 있고, 보기에는 별로인데 씹을수록 감칠맛이 나는 음식도 있다. 좋은 논문이란 이와 같이 음미(吟味)하면 할수록 감칠맛이 나는, 즉 논리성과 창의성이 숨겨져 있는 논문을 말한다, 라고 여러 가지 예를 들어 설명하였다.

이렇게 하여 하루의 일과는 보통 밤 10시경에 끝났다. 그 날의 일과를 마치고 집에 가려고 교정을 걸어 나오니 참으로 추웠다. 바람은 없었지만 아직 덜 녹은 눈이 남아있는 길은 미끄럽기도 하였다. 다만 이제는 앙상한 가지만 남은 교정 길 가로수가 희미하나마 길잡이가 되어주어 너무나도 감사했다. 저렇게 벌거벗고 서있는 나무는 얼마나 추울까. 그래도 새 싹이 나는 봄날을 학수고대하고 있을 것이다. 세상만사는 기다림이 있고 꿈이 있기에 참고 견딜 수 있는 것 같다.

조심조심 걸어가는 내 머리 위에 있는 별은 그날따라 유난히 빛나고 있었다. 고요한 정말로 고요한 교정 길을 걸어 갈 때 하나라도 더 배우려는 제자들의 얼굴이 어른거렸다. 방학 중인데도 아무 불평 없이 연구실에 나온 그들에게 내일은 작은 것 하나라도 더 배우게 해야지 하는 행복한 사명감으로 내 발은 가벼웠다.

이 기쁜 마음을 아는 듯 하늘의 별은 조심스럽게 한 발짝 한 발짝 걸어가는 나를 따라오는 것이었다. 내가 지도하는 제자들이 찬 밤하늘에서도 빛나는 저 별과 같이 아직도 뒤쳐진 우리나라 건설기술 분야의 별들이 되어주기를 간절히 기원하면서 계속 걸어갔다.

대들보

대들보란 나라와 집안의 운명을 짊어지고 나갈 만큼 중요한 사람을 비유적으로 이르는 말이며 여기에는 어떤 비장한 사명감이 숨어있음을 알 수가 있다. 나도 미약하나마 이런 감정을 가진 적이 있다.

나는 건설기술이라는 과목을 중히 여겼다. 왜냐하면 낙후된 우리나라 건설의 선진화를 위해서는 이 분야의 연구가 필수적이라는 확신을 가지고 있기 때문이다. 그러기에 건설기술 전공과정을 신설하고 이 분야의 개척자가 되고 제자들을 21세기 한국건설의 선진화를 위한 인재로 기르고 싶었던 것이다.

바다에는 파도가 쳐야 산소공급이 잘되어 바다속 물고기 들이 살 수 있다고 한다. 우리나라 건설의 발전을 위해서는 건설업계를 깨우치는 건설기술의 파도가 쳐야 한다고 생각했다. 이 목표를 위해 개설한 것이 건설기술연구실이 아닌가. 그러나 초창기의 건설기술연구실은 고정된 교육과정으로 여러 가지가 제한되어 있어, 행여 제자들이 심리적으로 동요하면 어쩌나 하고 여간 걱정이 되는 것이 아니었다.

이런 문제를 해결하려면 내가 건설기술연구실의 대들보가 되어야 한다고 생각했다. 대들보가 되려면 희생적이어야 하고 창의적인 아이디아를 갖고 솔선수범해야 하며, 주변과의 갈등에 굴하지 말고 미래를 위한 버팀목이 되어야 한다.

지도교수로서 대들보라는 자리를 굳게 지키기 위해 한 눈 팔지 않았고 약한 모습도 보이지 않았다. 새로운 이 분야의 학문을 리드 하기 위해 항상 깨어있어야 했다. 물론 세속적인 감투를 욕심낸 적도 없다. 오로지 연구실을 떠받치는 대들보가 되어 제자들이 21세기 한국건설을 위한 훌륭한 인재가 되도록 심혈을 기우렸다.

고통 없이는 성과가 없고 변화 없이는 발전이 없다고 하지 않았던가. 나는 이 말만을 믿고 건설기술연구실의 대들보라는 자부심을 잃지 않고 내가 감당할 수 있는 최대한의 많은 짐을 지려고 하였다. 대들보가 흔들린다면 연구실이 어떻게 될 것인가? 나를 믿고 따르는 제자들이 얼마나 불안하게 생각할 것인가? 나는 그들이 잠시라도 잡념에 사로잡히지 않도록 정성을 다하여 지도하며 대들보로서의 역할을 했다. 모두가 무모하다고 생각하는 건설기술 분야의 교육을 고집스럽게 지켜나갈 때는 솔직히 너무나도 고독하였다. 막막한 들판에 나무를 심고 물을 주고 거름을 주는 것과 같은 일을 하면서 좋은 열매가 맺어지기를 매일 기원했던 것이다.

세월이 흘러 나는 정년퇴임하였으며 건설기술연구실의 대들보 역할도 옛날의 전설이 되었다. 그러나 그 전설 속에는 잊을 수 없는 여러 가지 추억이 있다. 내가 받치고 있던 건설기술연구실의 제자들은 모두가 성실하였다.

아무리 어려운 일을 시켜도 불평하거나 이유를 대지 않았다. 다른 전공의 연구실에 비해 역사가 미천하였지만 늘 모범적으로 생활했다.

어느 해인가 D대학교에 있는 J교수에게 내가 너무 심했지, 라고 말을 하니 아닙니다, 교수님의 그런 지도가 없었다면 어떻게 제가 지금 교수로 일할 수 있겠습니까? 라고 겸손히 말했다. SC대학교에 있는 H교수는 교수님이 가르쳐 주신 대로 교육하고 연구하고 봉사하고 있다며 만날 때마다 감사하다고 한다.

D회사 사장을 역임하고 부회장으로 있는 K박사의 학위논문은 짜증이 나도록 몇 번이고 수정을 시켰었다. 그러나 나를 만나면 지도교수님이라고 그렇게 반가워할 수가 없다. K대학에 있는 K교수는 예나 다름없이 부지런하며 바쁜 생활 중에서도 소식을 전하는 것을 잊지 않는다. S대학교에 있는 L교수는 방황하던 저에게 용기를 주고 미래의 꿈을 심어주셨다고 나를 스승 이상으로 생각하고 있다.

S건설회사의 부사장이고 성균관대학교 석좌교수인 L박사는 학위 취득 후 지금까지 한 해도 빠지지 않고 스승의 날을 전후해서 만찬을 준비했다. 어렵고 힘든 고비마다 어버이 같은 마음으로 격려해 주시고 위로해 주신 고마움을 영원히 잊지 않겠다고 한 말을 지키고 있다.

전국 각지에서 교수로 활동하고 있는 제자들이 연구교수로 해외에 출국할 때는 꼭 집으로 찾아와 다녀오겠다고 인사를 하고 다녀온 후에는 잘 다녀왔다고 인사하러 온다. 바쁜데 전화로 인사하면 되지 하면 아니라는 것이다.

이런 정겨운 장면이 많이 있지만 지난 날에 너무 제자들을 고생시킨 것이 마음에 걸릴 때도 있다. 봄이 와서 꽃이 피었는가 하면 신록이 우거지고, 매미 우는 무더운 여름인가 하면 나무 잎들이 옷을 갈아입는 가을이 되고, 가을인가 했더니 어느새 흰 눈이 내리고 찬바람이 부는 겨울이 되는 등 사계절을 제대로 감상도 못하고 목표를 향해서 달리기만 했으니 큰 자랑거리가 될 수는 없다. 오직 건설기술연구실의 대들보가 되어야 한다는 생각만을 했던 것이다.

참으로 몰인정한 나를 제자들은 스승으로 인정하니 내가 대들보의 역할을 잘 했단 말인가? 이제는 희미해진 눈에 때때로 이슬이 맺힌다. 세상은 냉정한 것 같으면서도 수없이 많은 정이 숨어있는 곳이다. 다만 그 정은 눈물과 땀을 흘리고 정성을 들인 사람만이 감지할 수 있을 뿐이다.

하마터면 잃을 뻔했던 제자

어느 해인가 2학기가 시작되고 한 달이 지난 초가을의 오후 시간에 근심어린 한 남자분이 내 지도학생 J양을 대동하고 나를 찾아 왔다. 한 눈에 J양의 아버지임을 알 수가 있었다. 그는 "집의 아이가 학교를 그만두겠다고 하니 걱정이 됩니다, 이유를 물어도 대답도 하지 않고 답답해서 지도교수님을 찾아 왔습니다"라고 말하였다.

J양의 아버지에게 제가 잘 지도하겠다고 말씀드리고 안심하고 집에 돌아가도록 하였다. 그러나 나는 어째서 J양이 그런 생각을 하였는지 어떠한 고민이 있었는지 전혀 모르고 있었다.

그리하여 우선 J양의 그 간의 성적을 체크하여 보았다. 놀랍게도 1학년 1학기 성적은 4.5만점에 4.3이었고, 2학기 성적은 4.2였다. 1학년 과목은 주로 교양과목으로 이 정도의 학점을 얻기가 어려우며 말하자면 수재에 속하는 경우이다.

그런데 전공과목이 시작되는 2학년 1학기에는 성적이 3.2였고 2학기 성적은 2.8이었으며 전공과목이 많아지는 3학년 1학기 성적은 2.4

였다. 이렇게 급격하게 성적이 떨어지는 것은 J양이 전공에 대한 회의를 가지고 있다는 증거라는 생각이 들었다.

J양에게 왜 학교를 그만두려고 하는지 물어 보았다. 그러나 여학생이다 보니 말하기를 꺼려하였다. 그리하여 '나는 J양의 지도교수가 아니냐? 무슨 문제인지 같이 고민하고 싶다' 고 간곡하게 말을 하였다. 결국 모기만한 소리로 설계가 어렵고 재미가 없다고 하였다. 예상했던 대로 전공과목에 대한 콤플렉스가 있었던 것이다.

건축학과의 성격상 설계과목에 중점을 두고 시간도 많이 할당한 것은 사실이다. 그렇다고 졸업 후 학생들의 진출방향이 반드시 설계여야 하는 것은 아니다. 자기의 적성에 따라 건축과 연관되는 여러 분야에서 선택할 수가 있다. 그런데 J양은 오로지 설계여야 하는 것으로 생각했고 설계가 마음먹은 대로 잘 되지 않아 고민했던 것이다.

'이제 J양의 괴로운 심정을 이해하겠다. 그런데 건축학과 졸업 후의 진출분야는 설계뿐만 아니라 그 외에도 구조기술자, 시공기술자, 환경설비기술자 및 기술고등고시를 거쳐 고급공무원으로 진출하는 길도 있다' 고 설명하였다. 그리고 J양은 우수한 머리가 있는데 왜 쉽게 포기하려고 하느냐? 앞으로 1년여만 있으면 졸업하지 않느냐? 다른 분야에 관심을 가져보아라, 그래도 흥미있는 분야가 없다면 그 때가서 진퇴문제를 결정해도 되지 않겠느냐고 설득하였다.

나의 말을 경청하던 J양은 기술직 고급공무원으로 진출하겠다고 말하였다. 그 후 J양의 생활은 활기를 띠기 시작했다. 지난 날 침울하였던 그런 모습이 아니라 무엇인가 이루려는 의욕에 찬 모습이었다. 마침내 4학년 2학기에 기술고시 건축직에 합격하였으며 졸업 후 조달청에 사무관으로 근무하게 되었다.

조달청이란 정부 주요 시설의 공사 · 계약 등에 관한 일을 하는 정부의 중요한 기관이다. 정부에서 발주하는 공사의 설계도서는 이 기관에서 검토를 하게 된다.

조달청에 근무한 지 몇 년이 지난 후 J양의 능력이 인정되어 서기관(과장)으로 승진하였다는 소식을 들었다. 기쁜 나머지 J양에게 이제는 이사관(국장)까지 하겠는데 하고 축하했다. 그랬더니 교수님, 국장이라니요? 저는 청장까지 하려고 해요, 라고 말하는 것이 아닌가. 이 말을 듣고 나는 감격하였다. '그렇고말고, J양의 명철한 머리와 성실성으로 청장이 되고도 남음이 있지' 라고 위로하고 격려하였다.

하마터면 이런 인재를 잃을 뻔 하지 않았던가? 이제는 완전히 자기 자신뿐만 아니라 사회와 국가를 위해서 봉사할 수 있는 전공에 대한 확신을 갖게 되었으니 지도교수로서 이에 더할 기쁨이 어디 있는가?

낙심하고 방향감각을 잃었던 J양을 바르게 지도한 것 같아 너무나도 기뻤다. 그간 J양은 견문을 넓히려고 미국 콜로라도 대학교에 유학하여 공학박사 학위도 취득하였다. 지금 이 시간에도 J양이 자기 소망대로 뜻을 이루어 사회와 국가를 위해 더 큰일을 하기를 간절히 기원하고 있다.

어시스트의 기쁨

천성적으로 남의 도움을 받는 것보다는 남을 도와주는 일을 하는 것이 마음 편하고 자연스럽게 느껴질 때가 많다. 그리고 세상에서 말하는 약삭빠름이 없으며, 자기의 능력을 과시하고 필요 이상으로 자랑하는 재주도 없다. 임기응변적으로 그때그때마다 위기를 넘기는 꾀도 없다. 그저 남에게 폐를 끼치지 않고 조용히 그리고 성실하게 살고 싶은 것뿐이다. 이런 생활이 바보스럽고 손해만 보는 줄 알았는데 내 직업상 많은 열매를 맺게 한 요인이 되었다.

어느 날 제자들을 어떻게 지도해야 21세기 한국건설의 선진화를 위한 인재로 육성할 수 있을까를 생각하였다. 그러나 마음만 바쁘지 신통한 아이디어가 떠오르지 않았다. 답답하여 TV를 켰다.

마침 축구경기가 방영되고 있었다. 한 선수가 공을 어시스트하니 달려가던 공격수가 골인시켰고 관중들이 환호하는 장면이 나왔다. 축구에서 공을 넣은 사람은 골잡이라고 하여 모든 사람의 동경의 대상이다. 그러나 한 선수가 자기의 역할을 잘 하면서 공격수에게 공을 멋지게 어시스트했을 때 골인시키는 장면이 나에게 암시하는 바가 컸다. 물론 골잡이는 혼자 공을 몰고 가서 순간적으로 골인시키는 경우도 있지만 대개는 멋진 어시스트가 있어야 공을 넣을 수 있기 때문이다.

그리하여 나는 어시스트가 되어 제자 한사람 한 사람 모두가 골잡이가 되도록 해야겠다는 생각이 들었다. 먼저 건설기술에서 골잡이가 되려면 현재 우리나라의 건설기술을 선진국과 비교할 때의 취약점이 무엇인지를 알아야 한다. 이것을 깨우치게 하고 개선하는 방법을 가르치는 것이 어시스트로서 내가 할 역할이라고 생각했다.

그러나 그 당시 우리나라 건설기술의 취약점을 가늠할 수 있는 참고도서나 관련논문이 없었다. 왜냐하면 건설기술이라는 학문은 생소하였으며, 건설이란 기능(技能)위주의 시공인 것으로 생각하고 있었기 때문이다. 이런 사정으로 인하여 부득이 미국 미시간 대학교나 스탠포드 대학교의 건설기술 전공과정에서 쓰고 있는 교재와, 건설관련 학술지를 입수하여 복사해서 교재로 만들어 사용했다.

그리고 개인별로 사전에 공부할 분량을 할당했다. 지정된 날에 그 내용을 발표케 했으며 상호 토론을 통하여 각자 자기의 의견을 말하도록 했다. 마지막으로는 오늘 발표하고 토의한 내용을 총괄 평가하여 앞으로 연구해야 할 사항에 대한 것을 제언하여 관심을 갖도록 했다. 이런 과정이 반복됨에 따라 부족한 전공과목을 커버할 수가 있었고, 제자들은 전공에 대한 자신감을 가지고 기술력과 창의력을 발휘하려고 하였다.

또한 골잡이로서의 능력을 발휘하려면 다른 사람이 흉내 낼 수 없는 머리가 있어야 할 것이다. 건설 분야에서 이런 능력을 배양하려면 논문을 잘 쓸 수 있어야 한다고 생각했다. 그리하여 우리나라 건설산업을 발전시키기에 필요하다고 생각하는 경영 · 관리 · 기술 · 재료의 분야에서 한 테마를 잡고 그 개선방향을 논리적으로 쓰도록 했다. 잘 된 논문은 건설기술연구실의 연간 '건설기술연구보고집' 에 실리겠다고 하였다. 이 일이 너무나 큰 호응을 얻었으며 미래의 골잡이가 되려는 자는 누구나 논문쓰기에 열중하였다. 이렇게 하여 첫 번째의 '건설기술연구보고집' 을 발행하게 되었으며, 그 내용이 좋아 전국의 공과대학 건축학과는 물론 건설관련기관에 송부하였다.

건설 분야의 골잡이가 되게 하기 위한 하나의 방법으로 시작한 일이 정년퇴임한 후에도 후임교수에 의해서 이어지고 있으며 지금까지 25권 째의 보고집이 발행되고 있다. 대학원 한 연구실에서 매년 '건설기술연구보고집' 이 발행되고 있다는 것이 얼마나 자랑스러운 일인지 모른다. 우리나라는 물론 세계적으로도 대학원 한 연구실에서 매년 해당 연구보고집을 발행하고 있는 대학연구실은 많지 않을 것이다.

어시스트로서 특히 심혈을 기울인 것은 과정을 수료한 제자들의 학위논문 지도였다. 논문이 잘되었는지의 여부는 내가 얼마만큼 정성을 들여 어시스트했는가에 달려 있다고 생각했다. 그리하여 심사용 논문은 사전에 충분히 검토하여 수정하거나 보완해야 할 내용을 자상하게 지적하였다. 그렇게 해야만 사회에 나가 일할 때 사리가 분명해지고 진취적인 기술자가 될 것이라고 믿었기 때문이다.

진실로 건설기술연구실은 운동장이었으며 거기에 제자들이 있고 내가 있었다. 나는 어시스트였고 제자들은 미래의 골잡이였다. 봄, 여름, 가을, 겨울 할 것 없이 우리는 같이 공부하고 연구했다. 매일 공차기에 여념이 없는 축구선수와 같이, 나는 어시스트가 되고 제자들은 골잡이가 되는 연습을 되풀이하여 21세기 한국건설의 큰 일꾼이 될 꿈을 심어 주었다. 거기에 때로는 칭찬으로 때로는 질책으로 희비가 엇갈리기도 하였다.

이 과정에서 마음 아파하는 제자들을 보며 나는 어설픈 철학자가 아닌가 하고 자신을 책망하면서도 초지일관 정성스럽게 어시스트의 일을 했다. 이렇게 아끼고 가꾼 제자들이 현재 건축과 관계되는 여러 분야에서 뛰어난 활동을 하고 있는 것을 볼 때마다 자랑스럽고, 나의 어시스트가 헛되지 않았다는 생각으로 얼마나 기쁜지 모른다.

진실로 어시스트는 나의 삶이 되고 나의 기쁨이 되었으며 나의 철학이 되었다.

쇠는 달구어 두들겨야 강해진다

어릴 때에 동네에 있는 대장간에서 아저씨가 쇠막대를 뜨거운 풀무화로에 집어넣고 빨개진 후에는 끄집어내어 두들기는 것을 보았다. 이런 작업을 몇 번이고 반복하더니 마침내 낫을 만들어내었다.

아저씨에게 왜 단번에 낫을 만들지 않고 여러번 쇠막대를 불에 달구고 두드리느냐고 물었더니 그렇게 해야만 강한 낫을 만들 수 있다고 하였다. 그 후에 쇠라는 것은 불에 달구어 두드려야 강해지고, 그것도 여러번 되풀이할수록 강한 쇠가 된다는 것을 알았다.

이것이 내가 제자들을 지도할 때, 특히 어려워하는 학위논문을 작성할 때 기왕이면 강한 자를 만들어야 한다고 생각하게된 것이다. 학위논문이란 과정을 마무리하고 배운 것을 바탕으로 어떠한 테마[1]에 대해 논리적으로 기술하는 학술논문이다. 그러기에 자기 전공을 가장 잘 나타내는 증거물이기도 하고, 이 논문에 의해서 자기 평가를 받게 되는 영원한 반려자이기도 하다.

이런 견지에서 나는 학위논문을 중요시한 것이다. 그리하여 학위논문을 작성하면 심사받기 전에 먼저 나의 검토를 받도록 하였다.

작성된 논문에서 수정사항을 지적하여 주었다. 이렇게 하려면 내가 논문을 쓰는 것과 같이 정성을 드려야 한다. 한 사람도 아니고 몇 사람의 논문을 검토할 때는 정말로 힘들다. 경우에 따라서는 밤을 새워 논리에 맞지 않거나 잘못된 내용을 수정하도록 체크해야 했다. 기왕이면 좋은 논문을 쓰도록 지도하고 싶었던 것이다.

그러나 학위논문을 쓴다는 것은 그리 쉬운 일이 아니다. 더욱이 처음 논문을 작성하는 이에게는 고통이 아닐 수 없다. 특히 오랜 현장생활을 하고 대학원에 진입한 제자는 아는 것은 많지만 이것을 논문형식에 맞게 논리정연하게 전개하는 것은 서툴렀다. 그러나 이런 사정에 얽매이지 않고 좋은 논문이 되도록 몇 번이고 수정하도록 했다.

어느 해인가 D건설회사에 근무했던 K군이 작성한 논문을 보니 자기 철학이 담기지 않은 기술보고서와 같았다. 연구목적과는 상관이 없는 내용을 장황하게 기술하였고, 연구제목과 본문의 내용이 일치하지도 않았다. 이것을 연구제목에 맞게 목차를 정하고 내용을 고치라고 하였다. 수정해서 가지고 온 것을 보니 목차는 좋게 되었으나 연구목적과 본문의 내용이 맞지 않은 부분도 있었다. 다시 수정해서 가지고 온 것을 보니 결론이 불명확하고 추상적으로 되어 있어 연구한 사실대로 간단명료하게 기술하라고 했다.

애써 쓴 논문이 이렇게 몇 번이고 반려되다 보니 연구한 당사자는 얼마나 많은 스트레스를 받았겠는가? 수정된 최종 내용을 보고 아주 잘되었다고 칭찬해도 기뻐하는 모습이 아니었다. 나중에 안 사실이지만 다시 수정하라고 하면 석사학위를 포기하려고 했다고 한다.

그 후 6개월이 지난 어느 날 K군으로부터 다급한 전화가 왔다. 교수님 '그대로 했습니다' 라고 말하기에 무슨 잘못이 있었나 하고 걱정이 되었다. 무엇을 그대로 했다는 것인지 침착하게 말을 하라고 하니까, 실은 공업표준협회에서 건설관계 현상논문이 있었습니다. 품질관리에 관한 논문이었는데 교수님이 지도하여 주신 프로세스에 따라 작성하여 제출했던 바 그것이 우수상을 받게 되었습니다, 라는 기쁜 소식이었다.

그러면서 이제야 교수님이 저를 위해서 얼마나 애쓰셨는지 알게 되었습니다, 라고 말하는 목소리에는 논문쓰기에 자신을 갖게 되었다는 자부심과 나에 대한 고마움을 전하는 감사의 정이 가득히 실려 있었다. 건설 분야의 강한 자를 만들려고 하다가 오해를 받고 잃을 뻔 했던 제자를 되찾게 되어 너무나도 기뻤다.

그리고 어릴 때 대장간에서 아저씨가 말하던 쇠는 달구어 두들겨야 강해진다는 말이 새삼 머리에 떠올랐다. 단련(鍛鍊)이란 힘이 들지만 도약(跳躍)을 위해서는 절대로 필요하다는 것을 확신하게 되었다.

1) 테마 : 제목, 논제.

실무경험

건설공사는 수많은 불확실요인이 수반되기 마련이다. 그러기에 계획을 세울 때는 예상되는 불확실요인을 명시적으로 가정해서 이것이 시스템[1] 전체에 미치는 영향을 따진다. 그러나 가정이나 전제조건이 변했을 때는 수행하는 시스템 분석[2]은 전혀 의미가 없는 경우가 있다.

예로서 모델[3]상으로 최적한 계획안이 얻어졌다 해도 실제 건설단계에서 가정한 조건이 달라지는 경우에는 그 모델은 실용 가능성이 적어진다.

그러므로 현장에서 예상하지 못한 일이 발생했을 때에는 이에 대한 대처 능력이 있어야 한다. 이와 같은 능력은 시공기술자의 실무 경험이나 직감(直感)에 의해서 터득된다. 이런 연유로 건설이라는 것은 이론뿐만 아니라 현장 실무경험이 중요하다. 그러기에 나는 제자들에게 건설에 관한 유능한 시공기술자가 되고 우수한 건설경영자가 되려면 적어도 5년 이상의 현장 실무경험이 있어야 한다는 것을 강조했다. 이 말이 실무경험이 없는 제자들에게 자극을 준 것 같았다.

어느 해인가 석사과정을 졸업하는 S군에게 박사과정에 진입하라고 하니까 먼저 실무경험을 하겠다고 하며 삼성건설에 입사할 것이라고 하였다. 다른 제자 W군에게 박사과정에 진입하라고 하였더니 역시 실무경험을 먼저 하겠다며 대우건설에 갈 것이라고 했다. 나는 당황하였으며 마지막으로 Y군에게 권유하였으나 역시 실무경험을 먼저 하겠다고 했다. 실무경험의 중요성을 강조한터라 '그래 잘 생각했다, 좋은 기술자가 되어야지' 라고 말을 했지만 박사과정에 진입하는 제자가 없어 한편으로 섭섭하기도 하였다.

S대학교 졸업생들은 화이트칼라만 좋아하고 블루칼라는 싫어한다는 것이 일반적인 생각이다. 그러나 내가 지도하는 제자들은 자진해서 현장에 가겠다고 하니 교육에 의해서 가치관도 달라진다는 것을 알 수 있었다. 그리고 실무경험을 중시하는 그들은 자기가 택한 직업을 절대로 후회하지 않을 것이며, 모두가 이 분야의 큰 인재가 될 것이라는 확신을 갖게 되었다.

실무경험을 갖기 위해 자진하여 건설회사에 진출한 제자들의 안부를 수시로 체크했다. 어느 해인가 말레이시아 쿠알라룸풀 대우건설의 해외현장에서 5년째 근무하고 있는 Y군을 찾아보았다. 내가 왔다는 소식을 듣고 30층 공사장에서 내려온 Y군은 남쪽의 뜨거운 햇빛에 그을려 얼굴이 검게 변해 있었다. 고생스러운 모습이 역력하였으며, 그 모습을 보니 측은한 생각이 들었다. 그러나 "교수님 반갑습니다, 저를 찾아 주시다니 너무나 기쁩니다", 라고 인사하는 Y군의 얼굴에는 싫거나 마지못해 일하는 기색은 전혀 없었다. 오히려 현장에서 근무하는 자부심이라고 할까, 많은 것을 배우고 있다고 말하는 Y군은 너무나도 당당하였다. '견딜 만한가?' "예, 걱정 마세요, 현장에서 배우는 것이 많습니다, 현장에 와보니 교수님께서 말씀하신 실무경험이 중요하다는 것을 절실히 느끼게 됩니다",라고 씩씩하게 말하는 것이었다.

당초의 공사계획과 실행계획과의 차이는 없었는지, 차이가 있었다면 그 원인과 대처방안, 공사 진행상의 문제점 등 현장에서 체험하고 느꼈던 점을 메모해서 후에 참고가 되도록 하라고 말했다. 예, 알겠습니다 라고 말하는 Y군은 정말로 믿음직스러웠다. 그 후에 Y군은 만 6년간의 해외 현정생활을 마치고 대학원 박사과정에 입학하였다. 마침내 훌륭한 논문을 발표하여 공학박사학위를 취득하였으며, 지금은 G대학교 교수로 근무하고 있다.

정년퇴임한 후에도 나의 지도를 받은 제자들은 하나같이 자진해서 실무경험을 쌓기 위해 먼저 현장을 택했다. 그 후에 미국으로 유학을 가서 공학박사 학위를 취득하고 귀국하였다. 그 중에 L군은 E대학교 교수로, C군은 A대학교 교수로, G군은 SC대학교 교수로, 그리고 J군은 삼성물산에서 근무하고 있다.

어느 분은 이론이 뒷받침되면 실무는 금방 터득하게 된다고 한다. 그러나 건설이라는 직업은 야외작업이 위주이고, 불확실 요인이 많아 실무경험 없이는 해결하기가 어려울 때가 많다. 현장에서 당면하는 불확실 요인을 신속하게 처리하려면 아무래도 실무경험이 필요하다. 이론이 없는 실무경험은 한계가 있듯이 실무경험 없는 이론도 한계가 있는 것은 매한가지이다.

이런 견지에서 실무경험을 강조한 것이고, 우수한 두뇌를 가진 제자들은 약 5년 정도의 실무경험이면 건설이라는 직업을 이해하는 데 족할 것이라고 생각했던 것이다.

1) 시스템 : 시스템이란 다수의 독립된 요소의 집합체이다. 이것들은 어떤 공동의 목표를 달성하기 위하여 상호 유기적으로 결합되어 있다.
2) 시스템 분석 : 시스템의 효율을 분석하여 목적에 적합한 더 좋은 시스템을 만들기 위해서, 또는 현존하는 시스템을 더 좋은 것으로 개량하기 위해서 행하는 것.
3) 모델 : 어떤 현실 문제의 본질적인 특성을 명확히 파악하기 위해 만든 것. 현실 시스템을 수식으로 표시한 것을 수학적 모델이라고 한다.

감사

감사란 고맙게 여기는 것 또는 그런 마음을 말한다. 우리는 살아가면서 서로 배려하고 격려하고 위로하며 감사하는 마음을 주고받는 경우가 많이 있다. 그 감사가 힘을 주고 용기를 주며 자기 인생관을 바꾸기도 한다.

오래된 일이지만 나는 제주도 모슬포 육군신병훈련소에서 교육을 받았다. 그 당시 열악한 환경과 호된 훈련에 비해서 식사의 양이 너무나도 적었다. 어느 날 배가 고파 주보 언저리를 몇 번이고 서성거렸다. 이 처량한 내 모습을 본 주보 담당 모 하사가 나를 불렀다. 그리고 김이 무럭무럭 나는 지금 막 찐듯한 고구마를 세 개나 주었다. 성도 이름도 모르는 그 하사님의 고마움을 지금도 잊을 수가 없다. 그간 세월이 흘러 나의 겉모습은 많이 변했다. 그러나 그때의 속마음은 조금도 변하지 않았으며, 인자했던 그 하사님의 고마움을 잊지 못하고 있다.

미국에서 공부할 당시에 우리나라는 냉장고나 TV나 자동차를 생산하지 못하는 저개발국가, 말하자면 미개한 나라였다. 이런 경제사회적인 배경으로 정신적으로 위축되어있던 나에게 용기를 주고 위로와 격려로 사랑을 심어주던 미국인 '텁트' 씨가 얼마나 고마웠는지 모른다. 나의 지도교수 '이' 박사님에 대한 고마움도 평생 잊을 수 없다. 학문적인 영역에서 뿐만 아니라 궂은일도 마다하지 않는 사랑의 도리를 깨닫게 하여 주셨기 때문이다.

일본 동경대학 건축학과 '기시다니' 교수와 1년간 같이 연구를 했었다. 이것이 인연이 되어 매년 논문을 발표하기 위해 일본건축학회 학술대회에 참석할 때에 그 분은 꼭 공항에 마중 나왔으며 호텔도 잡아 주셨다. 1년도 아니고 당신이 돌아가실 때까지 12년간을 변함없이 대해 주어 얼마나 감사했는지 모른다.

이와 같이 내가 받은 감사의 경험으로 나도 남에게 감사를 주는 사람이 되어야 한다고 다짐했다. 그러기 위해서는 내 자신이 희생적이어야 하고 남의 짐을 져줄 줄 아는 아량과 남을 소중히 여기는 사랑이 있어야 한다고 생각했다. 무엇보다도 내가 지도하는 제자들에게 고마운 존재가 되려고 했다. 이렇게 하는 것이 지난날 내가 받은 감사에 보답하는 길이 된다고 생각했기 때문이다. 그리하여 건설기술연구실에 진입한 제자들 모두가 21세기 한국건설을 위한 큰 인재가 되도록 정성을 다하여 지도했다. 늘 제자를 먼저 생각하고 궂은일은 내가 앞섰다. 방황하는 제자에게 할 수 있다는 용기를 주고 격려하며 칭찬하는 것을 아끼지 않았다.

어느 듯 정년퇴임하게 되었으며 1996년 3월 15일에 롯데호텔에서 정년기념 송공행사가 있었다. 식장에 들어서니 짜임새 있는 프로그램과 분위기에 깜짝 놀랐다. 정년퇴임을 축하하기 위하여 제자 모두가 합심하여 멋진 자리를 마련했던 것이다. 당연히 내가 할 일을 한 것인데, 이렇게 까지 나를 생각하다니 하고 눈시울이 뜨거워졌다.

요사이는 학교만 떠나면 스승과 멀어진다고 한다. 그러나 나의 제자들은 수시로 소식을 전하고, 신년이나 스승의 날에는 잊지 않고 나와 함께하는 자리를 마련한다. 그리고 정답게 옛날 일을 주고받는 대화 속에서 유머와 재치로 웃음과 위로를 자아내는 그들이 너무나도 대견하고 감사하다. 모임이 있을 때마다 S물산에 있는 L박사는 꼭 참석한다. 그리고 지도교수의 은혜에 감사한다고 말할 때 짜릿한 감동을 느낀다.

지난번 3 · 1문화재단에서 실시하는 52회 3 · 1문화상 기술상 후보자 신청에 응했으며 구비해야할 제출서류가 많았다. 이 과정에서 바쁜 업무 중에서도 여러모로 조언을 아끼지 않았던 L박사에 대한 고마움은 결코 잊을 수가 없다. 늘 내 자신이 두드러지려는 생각보다도 제자들이 잘 되는 것은 강하게 염원했다. 그런 기대에 어긋남이 없이 학계나 산업계나 관계에 진출한 모두가 사회와 국가를 위해 훌륭히 봉사하고 있는 모습을 볼 때마다, 나의 뜻 나의 혼을 이어받은 것 같아 감사하기 이루 말할 수 없다.

대학에서 강의할 때 품질과 기능을 향상시키면서 원가를 낮추는 VE(가치공학)기법의 중요성을 강조했었다. 그런데 SC대학교의 H교수가 나의 뜻을 이어 받아, (사)한국 건설VE연구원을 창설하고, 우리나라 건설VE의 발전을 위해 헌신적으로 노력하고 있어 얼마나 감사한지 모른다.

금년으로 정년퇴임한지 만 15년이 되었다. 강의는 물론 건설기술연구실의 학생지도도 하지 않는다. 그러나 L교수는 개강 및 종강모임이나 석 · 박사학위 축하기념 촬영시에는 나를 꼭 참석토록 한다. 그리고 건설기술연구실을 개설한 원로교수라고 소개하며 박수를 받을 때는 이루 형용할 수 없는 감상과 고마움에 사로잡히게 된다.

내가 베푼 작은 배려와 지도가 이렇게 큰 감사가 되어 되돌아오리라는 것은 생각하지 못했다. 작은 감사는 더 큰 감사를 낳게 한다는 것은 맞는 말이다. 그간 정성들여 심은 사랑의 나무에 아름다운 감사의 열매가 많이 열려 너무나도 흐뭇하다. 그러나 감사하는 마음은 요사(妖邪)해서 곧 시드는 경우가 있다. 환경과 조건에 의해서 수시로 변하고 자기에게 유익이 될 때에는 감사하고 그렇지 않을 때는 모르는 척 한다. 이에 감사의 마음을 사라지게 하는 환경과 조건을 만들지 말아야 하고, 어떠한 경우에도 사시사철 변하지 않는 푸른 소나무와 같은 마음을 가져야 한다고 다짐하고 있다.

잘 가라, 내 사랑하는 책들아

어느 날 의기소침한 나에게 할머니는 당신이 간직하던 비상금을 주었다. 나는 무척 기뻤고, 그 돈으로 일본인 '아까오' 교수가 쓴 영어단어 · 숙어집을 샀다. 이 책을 늘 지니고 다니면서 영어 단어 · 숙어를 암기하였다.

제주도 신병훈련소에서 훈련하며 기합을 받으면서도 이 책을 숨겼으며, 육군포병학교에서 내무사열을 받을 때도 이 책을 교묘히 숨겼었다. 심지어 언제 죽을지 모르는 6 · 25격전지에서도 내 손에서 이 책을 놓은 적이 없다. 이것이 내가 간직하는 책을 소중하게 여기고 사랑하는 근원이 된 것 같다.

학문의 길을 걷게 되면서 더 많은 책을 읽어야 한다는 절박함과 필요성을 느꼈다. 기왕이면 남에게 뒤지지 않는 박식한 교수, 멋있는 교수가 되고 싶었고, 그러려면 책을 많이 봐야 한다고 생각했다. 그리하여 수시로 전공책 뿐만 아니라 관련학문에 대한 책도 구입한 것이다.

새로 책을 구입하고 좋아하는 것을 보고 집사람은 내용도 모르면서

덩달아 좋아했다.

필요한 책을 사다보니 월급봉투가 얇아졌고, 얇은 월급봉투를 집사람에게 내밀 때는 정말로 면목이 없었다. 한심스럽게 생각하는 내 모습을 보고 필요한 책은 더 사야 하지 않겠느냐고 나를 위로하고 격려하던 집사람의 눈에는 이슬이 맺혀 있었다. 나만을 생각하는 이기심으로 인하여 생활은 더 어려워졌고 집사람은 그만큼 고생이 많았던 것이다.

어느 해인가는 너무 많은 책을 구입해서 일 년 내내 월급에서 책값을 지불해야 했으니 집사람이 얼마나 고생이 많았을 것인가. 정말로 세상물정을 몰랐고 내 욕심만 생각했다. 다만 밤늦게까지 서재에서 책과 씨름을 했으며 생활에 쪼들린 집사람을 위로하기는커녕 대화하는 시간도 거의 갖지를 못했다.

당뇨병으로 고생하던 집사람에게 한 번도 인슐린 주사를 놔주지 못했으니 얼마나 몰인정한 놈이었는지 모른다. 집사람은 이런 비정한 나를 그래도 남편이라고 조금도 나의 심기를 건드리지 않고 내가 책을 볼 수 있도록 몸과 마음과 정성을 다하여 모든 것을 참으며 지냈던 것이다.

마침내 집사람의 희생적인 도움으로 직장에서 살아남았고 명예롭게 정년퇴임하게 되었다. 정년을 하던 날 집사람에게 처음으로 그동안 고생만 시켜 미안하다고 말했다. 명예롭게 정년퇴임하게 된 것은 어려움 속에서도 책을 구입했을 때 참아 주고, 안심하고 책을 볼 수 있도록 배려한 당신 덕분이라고 말했다. 그 때 집사람은 서재의 책들을 쳐다보며 그동안 저 많은 책들을 보시느라 얼마나 고생이 많았느냐고 오히려 위로하였다.

이렇게 인자하고 자상하였던 집사람이 내가 정년을 한 다음 해에 쓰러져 하늘나라에 갔다. 어려운 생활에서도 필요한 책은 더 사라고 말하던 착하고 순하던 집사람은 영원히 내 곁을 떠나고, 당신의 정성과 눈물이 담긴 책장의 책들만이 남아 나의 친구가 되었다. 그러나 이제 나도 나뭇잎이 가을에 단풍들고 낙엽이 되듯이 삶을 정리해야 할 때가 된 것이다.

내가 사랑하는 저 책장에 있는 책들과 이별해야 할 때가 가까워진 것이다. 어떻게 저 책들을 처리해야 할 것인가를 생각하였다. 심사숙고한 끝에 내가 있던 건축학과나 건설기술연구실에 기증하려고 결심했다. 그리로 가면 이 책들이 내가 사랑하는 것만큼 사랑하는 이들을 만날 수 있을 것이라고 여겨졌기 때문이다. 많은 사람에게 이 책들이 조금이라도 도움이 되었으면 하는 마음이 간절했다.

2010년 10월 21일 오후 5시에 아끼고 소중하게 여기는 책들이 용달차에 실려 떠나는 것을 보는 눈에는 이슬이 맺혔다. 집사람과 사별할 때와 같이 마음이 허전하고 착잡하였다. '잘 가라, 내 사랑하는 책들아' 라고 용달차가 보이지 않을 때까지 속으로 외치며 정신 나간 사람처럼 서 있었다.

사랑은 실천이다

법정스님의 글이 좋다는 이야기를 들었지만 하고 있는 일에 얽매여 읽어 보지를 못하였다. 그러다가 우연한 기회에 법정스님이 쓰신 "소리 없는 소리"라는 수필을 읽고 그 멋진 글에 놀라움을 금할 수 없었다. 특히 "꽃피는 소리를, 시드는 소리를, 지는 소리를, 그리고 때로는 세월이 고개를 넘으면서 한숨 쉬는 소리를 듣는다" 라는 글을 읽으면서, 그것은 마치 성급하게 살아온 나에 대한 충고였고 세상을 살아가는 지혜가 없는 나에게 깨달음을 주는 교훈 같기도 하였다.

그 후 법정스님이 저술하신 『무소유』라는 책을 사서 읽었다. 군더더기가 없는 매끄러운 표현에다 감동을 주고 깨우침을 주는 글에 감탄하였다. 그런데 투병 하시던 법정스님이 입적하였다는 기사가 신문에 크게 실렸다.

법정스님은 생전에 사찰 주지도 맡은 일이 없다고 하며, 유언에 따라 일체의 장례예식을 행하지 않았다고 한다. 신문에서 관도 없이 입던 옷 그대로 대나무 평상위에 가사만 덮은 채 운구 되는 사진을 보니 어쩐지 서글픈 생각이 들었다.

그 흔한 만장(挽章) 하나도 없었고 각계 인사의 조사(弔辭)도 없었다고 한다. 화장 후에는 사리(舍利)도 수거하지 말도록 했으며 뼈는 가루로 만들어 자기가 머물던 송광사에 있는 불일암과 강원도 산골에서 혼자 수행하던 집 근처에 뿌려달라고 했다고 한다. 명예와 돈과 감투에 눈이 어두운 오늘날의 사회상을 돌아 볼 때 법정스님이야 말로 참 신앙인이요, 누구와 비교할 수 없는 훌륭한 분이었음을 알 수가 있었다.

그보다도 법정스님이 평생 동안 선한 일로 사랑을 실천하였다는 기사에 더욱 감동했다. 그간에 받은 인세는 전부 집안 형편이 어려운 가난한 학생들의 장학금으로 희사하였다고 하며 그 수는 300여명이 된다는 것이다. 30년 동안 소리 없이 희사한 장학금의 액수는 수십억 원이 된다고 하였다.

더욱이 존경스러운 것은 그 장학금을 법정스님 개인의 이름으로 수여한 것이 아니라 '맑고 향기롭게' 라는 단체의 이름으로 기부했다고 한다. 법정스님 명의의 장학증서도 없으며 장학생의 이름이나 장학금의 액수 등을 전혀 모른다고 하였다.

성경에 있는 "왼손이 하는 것을 오른손이 모르게 하라"는 말씀대로 아무 대가도 바라지 않고 사랑을 실천하신 분이었다.

또한 법정스님은 성경에 나오는 선한 사마리아인이었다. 어떤 사람이 도둑을 만나 돈을 빼앗기고 맞아 길에 쓰러져 있었다. 마침 지나가던 대제사장은 모른 체하고 지나갔고, 한 바리새인은 빨리 일어나라고 호령만 하고 지나갔다. 조금 후에 사마리아인이 지나다 측은히 여겨 상처에 기름을 발라주고 근처의 주막으로 데려가 돈을 주며 치료하게 하고, 돈이 부족하면 돌아오는 길에 갚겠다고 하였다.

이 이야기 속에서 사랑을 실천한 사람은 권세가 있는 대제사장이나 교리에 밝다는 바리새인이 아니라 천한 사마리아인이었던 것이다. 사랑을 실천한다는 것은 종교의 문제나, 권력의 문제나, 지식의 문제나, 귀천의 문제가 아니라 남을 가엽게 생각하고 돌보아 주는 긍휼(矜恤)의 문제인 것 같다.

우리가 사는 세상에는 도적맞아 쓰러진 자를 보고도 못 본체, 알고도 모른척하는 대제사장과 같은 매정하고 냉정한 사람이 얼마나 많은지 모른다. 이런 사람들은 남을 돕고 베풀어야 한다는 생각보다 오히려 대접받기만을 원한다.

우리는 살아가면서 사랑을 해야 한다고 말을 많이 한다. 그러나 사랑에도 잣대가 있다. 이 잣대는 상대방을 자신이 돌보아 주고 베풀었느냐 아니냐에 따라 두 가지로 나누어 생각할 수 있다. 하나는 도적맞은 자를 직접 돌보지 않고 빨리 일어나라고 호령만한 바리세인과 같은 사랑이며, 이런 사랑은 수직적인 사랑이 될 것이다. 또 하나는 도적맞은 자를 자기와 똑같이 생각하고 치료해준 사마리아인과 같은 사랑이며, 이런 사랑은 수평적인 사랑이라고 말할 수 있을 것이다. 수직적인 사랑은 명령적이고 소극적이며 수평적인 사랑은 자발적이고 적극적이다.

수직적 사랑의 소유자는 항상 가기가 먼저이고 남은 나중이며, 사랑을 베풀기보다 입으로만 사랑하고 생색내기를 좋아 한다. 이에 반해 수평적 사랑의 소유자는 상대방을 자기와 동등하게 여기고 누구의 지시에 의해서가 아니라 스스로가 사랑을 베푼다. 그러면서도 자랑하지 않고, 소리를 내지 않으며 생색내지도 않는다. 진실로 자기 스스로가 남을 돕거나 베푸는 일이 없었다면 사랑을 실천했다고 말할 수 없을 것이다.

이런 견지에서 볼 때 가난한 학생들을 자기와 동등하게 여기고 베풀면서도 흔적을 남기려 하지 않았던 법정스님은 수평적 사랑의 본보기이며 참사랑을 실천하신 분이었다.

3 / 믿음

시내산, 그리고 광야

새벽 1시에 '시내산'[1]등정에 나섰다. 시내산은 해발 2,380m로 한라산보다 높다. 1월이어서 그런지 새벽공기는 제법 쌀쌀하였다. 어둠 속에서나마 '시내산'은 온통 돌이며 나무도 풀도 전혀 없는 용암과 같은 바위덩어리가 연달아 있는 험한 산인 것을 알 수 있었다.

'시내산' 중턱까지는 낙타를 타고 올라갔다. 낙타의 눈은 어둠과는 상관없는지 밤길을 잘도 갔다. 여기서부터 정점까지는 걸어서 올라가야 했다. 고도 관계로 산소가 희박해져서 그런지 숨이 점점 가빠졌다. 높아질수록 새벽바람은 더욱 차고 강하게 불어왔다. 가파른 바위 길을 오를 때는 떨어지지 않을까 긴장해서 온몸이 땀으로 흠뻑 젖었다.

밤에 '시내산' 중턱에서부터 이미 길이 나있는 길을 따라 올라가고 있다. 낮에 햇볕이 내리쪼일 때 이 바위덩어리는 얼마나 뜨거워질까를 생각하니 밤에 산에 오르도록 한 것은 잘한 일이라는 생각이 들었다. 그러나 그 옛날 '모세'[2]는 따가운 햇볕으로 뜨거워진 바위덩어리인 이 '시내산'을 오르면서 얼마나 많은 땀을 흘리며 고생했을까. 이런 생각을 하며 마침내 정상에 올라섰다. 그리고 모세가 하나님으로부터 십계명을 받았다는 장면을 연상해 보았다.

저 멀리 산위 하늘이 환한 것을 보니 태양이 곧 어둠을 헤치고 떠오를 것 같았다. 이 광경을 보고 있노라니 무에서 유를 찾으려고 애썼던 지난날이 회상되었다. 세상살이가 힘겨워 낙심하고 있을 때 "선을 행하고 낙심하지 말라"는 성경말씀으로 눈물을 흘리며 주먹을 불끈 쥐었던 생각이 떠올랐다.

스케줄상 아침 해가 뜨는 것을 보지 못하고 '시내산'에서 하산해야만 했다. 이른 아침 다음 목적지를 향해서 버스를 탔다. 버스는 전면에 펼쳐지는 광야를 잘도 달려갔다.

광야란 사막과는 달리 눈에 띄는 것은 갈색의 들판과 돌멩이, 그리고 저 멀리 해골 같은 민둥산이 잇달아 있는 풀 한포기 나무 한그루 찾아볼 수 없는 바로 죽음에 비유할만큼 황량한 것이었다.

광야를 봄으로써 성경에 나오는 목자와 양의 비유를 실감할 수가 있었다. 이런 '광야'에 참된 목자가 없다면 시력이 약한 양들은 먹을 풀과 마실 물을 찾을 수 없을 것이다. 그리고 시편 23편의 "여호와는 나의 목자시니 내게 부족함이 없으리 로다, 그가 나를 푸른 풀밭에 누이시며 쉴만한 물 가로 인도하시는도다"라는 말씀에서 풀과 물을 비유로 들고 있는 의미를 알 수 있었다.

우리가 살아가는 인생도 광야와 같은 것이 아닌가. 하나님을 의지하지 않고서는 인생이라는 광야에서 길을 잃고 낙오자가 될 수밖에 없을 것이라고 생각되었다.

이 '광야'를 지나면서 지난날 중부전선의 격전지 '단장의 능선' 과 '수도고지'에서 나를 살리시고, 미국에서 공부할 때 정신이상이 될 번한 나를 소생시켜 주시고, 방황하던 나에게 길을 밝혀주신 이가 하나님이었다는 확신이 더욱 강하게 되었다. 내가 걸어온 인생길에서 하나님은 정녕 나의 선한 목자였음을 다시 깨닫게 된 것이다.

이곳 '광야'를 지나기 전에는 '가나안'[3]땅을 찾아가는 이스라엘 백성들이 왜 불평이 많았을까 하고 의아스럽게 생각하였다. 그리고 노예생활을 하던 애급의 생활을 그리워하고 '모세'를 원망하고 하나님을 원망하였다는 것을 이해할 수 없었다.

그러나 이스라엘 백성들은 이 광야에서 낮에는 불볕더위와 밤에는 급강하하는 기온과 싸워야 했을 것이다. 이스라엘 백성들이 '신 광야의 가데스'에 이르러 물이 없는 것을 보고 왜 우리를 이 나쁜 곳으로 인도하여 죽게 하느냐고 불평하였다는 인간적인 갈등을 이해할 수가 있었다.

성경에 의하면 이런 아우성속에서 '모세'는 하나님의 명령대로 지팡이로 반석을 쳐서 물이 나오게 했다. 그러나 하나님의 거룩함을 나타내지 아니하고 자기가 물을 솟아나게 기적을 행한 것처럼 백성을 속였다고 한다. '모세'는 평생 단 한번의 이 죄로 인하여 그렇게도 그리던 '가나안' 땅에 들어가지 못하고, 이스라엘 사해(dead sea)동쪽 요르단 지역에 있는 '모압' 땅에서 죽었다고 한다. 하나님의 섭리를 어떻게 인간이 알 수 있을까마는 모세가 측은하기만 하였다.

지난날 큰 꿈을 갖고 대전에서 서울로 직장을 옮겼을 때 예기치 못한 여러 문제로 정신적인 어려움을 겪게 되었다. 이 때 나는 이스라엘 백성처럼 먼저 있던 직장에서 떠나온 것을 후회했던 것이다.

그러나 지난날 '광야'와 같은 인생길에서 길을 잃지 않고 살아남은 것은 가난한 나의 마음을 달래주고 낙심될 때마다 나를 재촉하시는 하나님의 인도가 있었기 때문이었다. 그럼에도 불구하고 오늘의 내가 있는 것은 마치 내 힘에 의한 것처럼 교만할 때가 얼마나 많았는지 모른다.

'모세'는 단 한 번의 죄로 하나님의 노여움을 받았다. 그러나 나는 헤아릴 수 없는 많은 죄가 있음에도 불구하고 오늘까지 참아주시고 계시지 않는가? '광야'를 지나면서 앞으로 더 이상 하나님을 실망시켜서는 안 된다고 다짐하고 또 다짐하였다.

1) 시내산 : 홍해 북에 돌출한 시내반도 안에 있는 산으로 모세가 출애급의 계시를 받고, 하나님의 십계명을 받았 던 바위산이다.
2) 모세 : 구약성서 출애급에 나오는 이스라엘의 지도자.
3) 가나안 : 팔레스타인의 요르단 강 서쪽 땅의 옛 이름.

아무 걱정 말고 준비하라

2000년 8월 20일에 제학시절 내가 지도한 C.C.C(학원 기독교선교회)서클 회장이었던 S군이 오랜만에 인사차 찾아 왔다. S군은 대학원 산업공학과에서 공학박사 학위를 취득하고 전북대학교 교수로 부임했었다. 그런데 지금은 전북대학교에서 중국 연변과학기술대학(과기대)으로 직장을 옮겼다고 했다. 과기대의 교수라면 선교와 교육을 하는 교육선교사를 말하는 것이 아닌가. S군의 신앙이 독실하다는 것은 알고 있었지만, 누구나가 안정된 직장이라고 부러워하는 전북대학교 교수직을 사임하고 과기대로 갔다니 어쩐지 서운한 생각이 들었다.

S군이 돌아간 후 주고 간 과기대에 관한 소개 책자를 읽어 보았다. 그 안에 교수모집 광고도 있었다. 그것을 보는 순간 '너도 과기대 교육선교사로 가라' 는 소리가 들리는 것 같았다. 나이도 많고 건강도 자신이 없는데 어림없는 일이라고 자문자답하였다. 그런데도 '너는 정년퇴임하지 않았느냐, 이제 너는 그곳에 가서 봉사해야 한다, 내가 너와 함께 할 것이니 아무 걱정 말고 준비하라' 는 소리가 또 들리는 것

이었다. 이것은 보통일이 아니다 하고 당황한 나는 현지를 답사하고 최종적으로 결정하자고 마음먹었다. 그리하여 2000년 11월 중순경에 특강 명목으로 중국 연길에 있는 과기대에 갔다. 그곳의 기온은 영하 20℃이고 길은 온통 얼음으로 덮여있었다. 집집마다 굴뚝에서 난방용으로 때는 석탄연기로 하늘이 자욱하고 매캐한 냄새로 숨쉬기가 어려웠다. 거리의 교통질서는 말이 아니었고 주변 환경은 우리나라 1960년대 초의 모습과 같았다.

강의실에는 100여 명의 학생들이 자리 잡고 있었다. 나는 OHP(두상 투영기)를 사용해서 열심히 강의하였다. 그러나 강의를 듣는 조선족 학생들의 얼굴에는 표정이 없으며 활기찬 모습도 찾아 볼 수가 없었다. 그런데 이상한 일이었다. 매서운 추위와 열악한 환경을 목격하고, 생기 없는 학생들의 모습을 보고서도 싫은 생각이 들지 않았다. 오히려 무표정한 학생들에게 꿈을 심어주고 싶은 의욕이 생겼다. 두려운 생각은 사라지고 더 나이 먹기 전에 이곳에 와서 학생들을 믿음의 기술자로 만들고 싶은 사명감이 생겼다. 그리하여 2001년 9월 학기에 맞추어 과기대에 갈 준비를 했다.

교수 임용을 위한 행정절차는 내 경력을 인정해서인지 어렵지 않았다. 그러나 무엇보다도 나이가 70세가 되고 보니 건강이 문제였다. 그리하여 차병원에 가서 종합신체검사를 했다. 혈압도 정상이고 당뇨도 없으며 코레스톨 수치도 정상이었다. 다만 청력이 약하여 보청기 시술을 했고, 오른쪽 어금니 자리에 2개의 임플란트 시술도 했다. 오랫동안 앓고 있던 허리디스크는 수영이나 속보 등의 운동으로 조절하라고 하였다. 왼쪽 눈은 시력이 약했으며 오른쪽 눈은 백내장이지만 더 두고 보자고 하였다. 이와 같이 하여 건강문제는 전부 체크하였다.

다음으로는 내가 관여하고 있는 직장을 정리해야만 했다. 나는 그간에 출강하고 있는 조선대학교 대학원 초빙교수 자리를 사임했다. 나의 강의가 계속되기를 갈망하는 학생들에게 미안하기 이루 말할 수 없었다. 그리고 내가 몸담고 있던 (주)지플러스 회장직과 (주)대동건설의 고문직도 사임하였다. 이렇게 하여 내가 관여했던 직장을 모두 정리하였다.

마지막으로 중국 과기대에서의 생활비를 마련하는 문제가 남았다. 내가 지금 살고 있는 집을 전세 주고 시골에 전세를 얻으면 그 차액으로 충당할 수가 있었다. 그러나 막상 전세 주고 전세 든다는 것이 쉬운 일이 아니었다. 9월 학기는 다가오는데 마음이 불안해졌다. 그러던 어느 날 갑자기 전세들 사람이 나타났고 시골에 살림살이를 옮길 전셋집을 구할 수도 있었다. 이렇게 하여 특강을 다녀온 후 약 6개월 동안 과기대 교육선교사로 가기 위한 모든 준비를 마쳤다. 막연하고 어렵게만 생각되던 일을 마치고 보니 얼마나 마음이 가벼워지는지 알 수 없었다. '아무 걱정 말고 준비하라' 는 소리는 지난날 6 · 25격전지에서 나를 살리신 하나님의 소리로 여겨졌다.

예정대로 2001년 6월 26일에 중국 연변과학기술대학이 있는 연길행 비행기를 탈 수 있었다.

선교는 눈물의 힘이다

연변은 함경북도에 인접한 두만강 건너편에 있는 지역으로 일제 때에는 간도라고 불렸으며 지금은 중국 땅이다. 연변과학기술대학(과기대)은 연변지역의 연길시에 위치하고 있으며, 주로 조선족 학생들에게 고등교육을 실시하기 위하여 1995년에 설립된 대학이다.

외견상으로는 일반 대학과 다를 바가 없는 교육과정으로 교육하지만 방과 후, 그리고 개인적으로 당국 모르게 학생들에게 기독교를 전도하는 대학이다. 그러기에 한국에서뿐만 아니라 세계 13개국에서 교육선교사가 파송되어 와 있다. 나도 교육선교사가 되어 이곳에 왔으며 건설공학부에서 학생에게 '건설기술' 과목을 가르쳤다.

그런데 이곳에 와서 보니 조선족들은 생각했던 것보다 훨씬 가난하였다. 이런 가난 속에서도 부모님들은 자식들만은 고등교육을 시켜 떳떳하게 살게 하려고 했다. 그러나 이곳에서의 일감으로는 학비를 조달할 수가 없어 한국이나 기타 외국에 나가 있었던 것이다. 대부분의 학생들은 부모님과 떨어져 외롭게 지내고 있었다. 이런 배경을 알고 보니 이곳에 온 것은 참으로 잘한 일이라는 생각이 들었다. 그리고 불쌍한 조선족 학생들을 잘 교육시켜 사람답게 살 수 있도록 해야겠다는 책임이랄까 의무감마저 생겼다.

이런 마음가짐을 하고 처음 강단에 섰을 때 나는 등에 땀이 흐르는 열변을 토했다. 그러나 교육 분위기가 한국에서와 같이 부드럽고 자유스럽지가 않았다. 한국과는 달리 자율성과 창조성을 인정하지 않은 교육과 가난한 환경에서 자라서 그런지, 강의를 듣는 학생들은 너무나 경직되어있어 활기찬 모습을 찾아 볼 수가 없었다.

어느 날 수업시간에 분위기를 새롭게 하고 용기와 꿈을 심어주기위해서 이곳은 옛날 우리나라 땅이었으며, 여러분들은 열심히 공부하여 이곳 동북아 지역을 더욱 발전시키고 개발하는 인재가 되어야 한다고 말했다. 그러나 이런 말은 여기서는 금기사항인 것을 몰랐다. 그리고 학생 중에 공산당원이 있다는 것도 생각하지를 못했다. 이것이 빌미가 되어 중국 공안당국의 요시찰인이 되어 신변의 위험을 느끼며 지내야 했다. 심지어 한밤중에도 숙소에 찾아와 나의 유무를 확인하는 수모를 겪기도 하였다.

지난날의 나를 버리고 이곳 조선족 학생을 위해서 힘써 헌신하고 봉사하려고 하던 나에게 제동이 걸린 것이다. 그리고 이곳 사정에 익숙하지 못한 나는 이런 저런 걱정과 근심으로 고독해지기도 하였다. 시간이 흘러 다음 해 여름방학에 과기대 주최 국제학술대회가 개최되었다. 그런데 서울대학교 건설기술연구실의 이 교수님 인솔로 대학원생

15명이 방문하였다. 아직도 교육선교사로서 서툴고, 이곳 환경에 익숙지 않아 외롭던 차에 무척 반가웠으며 나도 모르게 눈물이 흘러 내렸다. 더욱 놀랬던 것은 한국 건축계에서 자타가 인정하는 훌륭한 건축가이신 이광로 교수님과 박돈서 교수님 · 윤도근 교수님 · 조창한 교수님 내외분이 오셔, 위로하고 격려하여 주시어 얼마나 감사하고 감격했는지 모른다. 다음 해의 학술대회 때는 서울시립대학교의 현 교수님이 방문하여 너무나도 고마웠다.

이런 따뜻한 분들로 인하여 두렵고 회의적이던 나에게 새로운 결심과 용기가 생겼다. 그리고 이곳 공산당원들에게 흠이 잡힐 말은 삼가며, 오직 학생들을 믿음의 건설기술자가 되게 하는데 주안점을 두었다. 내 강의를 들은 학생은 중국 어디에서 누구와 견주어도 절대로 뒤지지 않는 풍부한 전문지식과 강인한 정신을 소유한 사람이 되어야 한다는 것을 강조했다. 다시 말해 경제적인 안정을 위해서는 자기 전공에 대한 자신감을 갖도록 하고, 정신적인 안정을 위해서는 하나님을 믿고 노력할 때 꿈이 이루어진다는 것을 은근히 깨닫게 한 것이다. 이런 목표를 가지고 하는 강의는 힘이 있었고 설득력이 있었으며 강의를 듣는 학생들은 나를 신임하게 되었고 학생들의 눈은 빛나기 시작했다.

그러나 이와 같은 노력에도 불구하고 이곳 물에 적응이 되지 않아 늘 배가 아팠고, 이로 인해 나의 결심이 점점 약해지고 있었던 것이다. 어느 날 점심을 먹으러 학교 식당에 들어갔다. 옆 자리에 독일에서 온 선교사 내외와 아이들 3명이 함께 점심을 먹고 있었다. 그런데 세 살이나 되었을까 하는 어린아이가 칭얼거리며 울고 있었다. 돌아보니 멀건 된장국에 말은 밥을 먹지 못하고 울고 있었다. 엄마나 아빠는 모른 척하고 달래려고도 하지 않았다. 누나들도 아무 소리를 하지 않았다. 버터와 우유와 빵을 먹어야 하는 아이에게 된장국에다 말은 밥을 먹으라니 먹을 수가 있겠는가? 그 당시 연길에는 버터와 우유가 없었다. 설사 있었다 해도 어머니 아버지의 단호한 태도로 보아 사다 줄 것 같지가 않았다. 부모의 마음은 서양 사람이나 동양 사람이나 다를 것이 무엇이겠는가? 이 아이의 보채는 모습을 보는 부모님은 틀림없이 속으로 울고 있을 것이라고 생각되었다.

이 광경을 보던 마음에 전류가 흘렀다. 서양 어린아이도 된장국에 말은 밥을 먹으려고 저렇게 애를 쓰고, 부모님도 보채는 아이가 빨리 이곳 음식에 적응하라고 모른 척하고 있지 않은가. 교육과 선교라는 미명하에 이곳에 왔으면서도 이곳 물이 정수되지 않았다고 불평하던 자신이 너무나도 부끄러웠던 것이다. 밥을 먹기 싫어 우는 아이의 모습에서, 그리고 이것을 모른 척하고 속에서 울고 있는 부모님의 얼굴에서 선교란 눈물의 힘으로 이루어지는 것이라는 것을 알았다. 또한 선교사는 눈물의 노예가 되지 않고 눈물을 이기는 자가 되어야 한다는 것도 뼈저리게 알게 된 것이다.

누구나 밭에 씨를 뿌릴 수는 있지만 아무나 농부가 될 수 있는 것은 아닌 것과 같이, 누구나 선교할 수는 있어도 아무나 선교사가 될 수 있는 것은 아니라는 것을 깨닫고 얼마나 눈물을 흘렸는지 모른다.

바람과 같이 사라진 강 박사에게

2001년 8월에 중국 연변과학기술대학(과기대)에서 강 박사를 처음 만났다. 키도 큰 편이고 체구도 단단하게 보였으며 단정한 외모로 보아 교수 출신인지 사장 출신인지 잘 알 수는 없었다. 그 날 신임교수 모임에서 총장님은 새로 부임한 분들을 한 사람 한 사람 소개하였다. 멋쟁이라고 생각했던 강 박사는 동아대학교 교수를 거쳐 금성사 부사장, LG건설 사장을 역임하고 오신 분이었다.

여러 교수님들을 소개한 후 총장님께서는 대학 발전을 위해서 좋은 의견이 있으면 말하라고 하였다. 그 때 강 박사는 앞으로 대학이 발전하려면 교수들이 선교라는 미명하에 안주할 것이 아니라 학술활동도 해야 한다고 역설하였다. 그리고 과기대가 낙후된 이곳 연변지역에서 도도한 문화의 성역이 되어서는 안 된다, 이곳 주민들과 친밀하게 지내야 하며 그 방법의 하나로 최고경영자과정을 개설하여 이곳 기업인에게 21세기 경영학을 가르쳐야 한다고 말하였다. 어쩌면 그 의견이 내 생각을 대변하는 것 같아 단번에 마음에 들었고 이후 강 박사와 각

별한 친분을 유지하며 생활하게 되었다.

강 박사는 입이 무거워 다른 사람으로부터 오해를 사기도 했지만 나에게는 속마음까지도 이야기하곤 하였다. 어느 때인가는 집사람이 몸이 약해서 걱정이라고 말하는 모습에서 누구 못지않은 애처가임을 알 수 있었다. 요사이 사모님 없이 혼자 지내기에 얼마나 고생이 되느냐고 물으면 학교식당을 이용하고 있어 견딜만하다고 하면서 선배님은 이곳 음식에 잘 적응이 되는지요? 하고 오히려 나를 걱정하였다.

사실 이곳에 올 때는 생활필수품이 부족하고 교통수단은 나쁠 것이지만 물이나 공기는 깨끗할 줄 알았다. 왜냐하면 이곳은 해발 800m가 되는 고지대이기 때문이다. 그러나 기대와는 달리 물은 철분과 석회분이 많았고 정수가 되지 않아 그 물을 마시거나 그 물로 만든 음식을 먹으면 늘 배가 아팠다. 기관지가 약한 나는 난방용으로 때는 석탄의 노란 연기로 인하여 참으로 숨쉬기가 어려웠다.

다른 분들은 6개월이 지난 후에는 내성이 생겨 이곳 물이나 공기에 적응이 되어 큰 불편을 느끼지 않았는데 나는 그러하지를 못했다. 체중은 나날이 줄어들고 체력이 급격히 떨어졌다. 이곳 의무실의 의사는 철수하는 것이 좋다고 권고하여 할 수 없이 2년간의 생활을 마치고 2003년에 귀국하게 되었다.

내가 철수한다는 말을 들은 강 박사는 선배님을 정신적인 지주로 삼고 지냈는데 가신다니 한 팔이 떨어지는 것 같다고 하면서 여간 아쉬워하는 것이 아니었다. 그간 강 박사와 원만하고 다정하게 지낸 것은 사실이지만 이렇게까지 내가 떠나는 것을 쓸쓸하게 생각할 줄은 몰랐다. 그래서 강 박사님, 건강이 회복되면 다시 오겠습니다 하고 약속하고 떠나온 것이다.

귀국하여 건강 회복에 노력하였다. 마음속에는 선교다운 선교도 하지 못하고 떠나 온 과기대 생각과 강 박사의 얼굴이 늘 떠나지 않았다. 강 박사와는 연길 과기대에서 교육선교사로 만난 것이 첫 인연이었는데, 이렇게 정이 들다니 내 자신도 의심이 갈 정도였다. 사람의 정이란 오래 사귄다고 드는 것이 아니라 순간적이지만 자기에게 감동을 줄 때 깊어지는 것 같았다. 강 박사의 신선한 사고, 멋진 매너, 앞을 내다보는 비전, 남의 아픈 곳을 헤아릴 줄 아는 따뜻한 마음이 지남철과 같이 나를 끌어당기는 것이었다.

건강이 회복되어 2006년 8월에 다시 교육선교사로 복직하였다. 그러나 강 박사는 여러 가지 사정으로 귀국했다는 것이다. 나를 지극히 반가워하던 강 박사가 없고 보니 어쩐지 과기대가 텅 빈 것같이 쓸쓸하였다. 그리고 "산은 옛 산이로되 물은 옛 물이 아니로다, 주야에 흐르르니 옛 물이 있을소냐, 인걸도 몰과 같도다 가고 아니 오느매라," 라는 옛 시를 마음속으로 읊으며 강 박사를 그리워했다.

그런데 얼마 후에 강 박사가 담낭암 수술을, 그것도 14시간이나 수술을 하였다는 소식에 너무나 놀랐다. 건강한 분이었는데, LG건설 사장에서 퇴직하시고 편히 쉴 수도 있었는데, 이곳에서 교육선교사로 4년여나 고생하고, 이곳 가난한 학생들을 소리 없이 도와주며 나름대로 선한 일을 많이 했는데 암이라니 왜 이리 세상은 공평하지 않은지 마음이 아팠다.

실의에 빠진 나에게 강 박사로부터 메일이 왔다. 수술은 잘 되었고 앞으로 항암주사를 한 번만 더 맞으면 된다고 하면서 건강해지면 신학교를 다니겠다고 하였다.

이 소식에 눈시울이 뜨거워졌다. 2007년 4월 8일 부활절 예배에서 찬양을 부를 때 강 박사의 얼굴이 떠올랐다. '부활하신 주님! 투병하시는 강 박사님을 속히 회복시켜 주시옵소서' 하고 기도하였다.

5월이 되니 겨우내 말라붙었던 사과배나무에는 흰 꽃이 만발하여 벌이 날아들고 추위로 움츠렸던 땅과 하늘이 겨울잠에서 깨어나 기지개를 펴고 있었다. 이 화사한 광경을 보고 강 박사의 수술한 자리에서도 저 사과배나무 꽃과 같이 새살이 솟아나오기를 기원하였다.

어느새 사과배나무의 흰 꽃들이 떨어지고 그 자리에는 도토리만한 파란 열매가 맺기 시작했다. 마지막으로 항암주사를 맞았다는 소식에 이제는 강 박사가 건강하게 되어 다시 만날 수 있으리라 생각했다. 그런데 뜻밖에도 강 박사가 하늘나라에 갔다는 비보가 왔다. 믿고 싶지 않았지만 소리 없이 바람을 타고 하늘나라에 간 것이 사실이었다.

과기대에서 철수할 때 한 팔이 떨어져 나가는 것과 같다고 하면서 서운해 하던 강 박사를 다시는 만날 수 없다니 너무나 슬펐다. 나더러 형님이라고 부르고 싶다고 하면서 대답도 듣기 전에 하늘나라에 가다니 이게 말이 되느냐? 내 메일을 읽을 때 마다 가슴에 손을 얹고 엉엉 운다고 하고서 정작 나를 만나지도 않고 이렇게 바람처럼 갈 수 있느냐고 혼자 말하며 울먹이었다.

바람타고 가신 강 박사님! 바람타고 잠시 내가 기다리는 이곳에 오실 수 없어요. 수술한 상처가 얼마나 아팠겠습니까? 어루만져 주고 싶습니다. 투병하느라 얼마나 고독하였겠습니까? 말동무가 되어 주고 싶습니다. 그간의 마음고생을 다 잊게 해드리고 싶어요. 내가 소심하기는 해도 그런 재주는 있답니다. 그리고 강 박사님의 미소 짓는 멋진 모습도 다시 보고 싶고요.

강 박사님! 당신이 기거하던 초라한 과기대 숙소, 강의하시던 교실, 연구실, 정성을 다하여 개설한 '최고경영자과정' 의 강당 등도 보고 싶지요. 내가 동행하겠습니다. 그리고 과기대 뒤편으로 넓게 펼쳐진 푸른 들판도 보시고요. 사과배나무 사이사이도 같이 걸으며 저녁노을을 어떻게 꾸미는 것이 아름다울까하는 문제도 나누고 싶어요.

강 박사님은 사회를 위해서 그리고 가정을 위해서 훌륭한 일을 하셨습니다. 교육선교사로 봉사한 것 너무나도 자랑스럽구요. 이 모든 것 맘껏 칭찬하고 훈장도 달아 드리겠습니다. 마지막으로 침몰하던 '타이타닉' 호에서 "하늘 가는 밝은 길이 내 앞에 있으니"라는 찬송가를 연주한 음악가와 같이, 강 박사님! 나와 같이 힘차게 그 찬송을 부르고 바람타고 돌아가세요.

정다웠던 L권사님

L권사님은 중국 연변과기대에 부임했을 때 만난 C교수님의 사모님이다. 서울 사랑의 교회 출신이고 모 초등학교 교사였으며 정년을 불과 몇 년 앞두고 남편을 따라 이곳에 오신 분이다. 키는 작은 편이고 몸은 약해 보였지만 온유하신 분이었다.

같은 해에 과기대에 오신 교수님들을 동기생이라고 하여 친목을 유지하는데 힘쓰셨고 특히 나이가 많았던 나에 대한 배려는 각별하였다. 우리 일행은 이곳에 처음 도착하였을 때 주거 문제로 당황했었다. 왜냐하면 주거만은 대학에서 편의를 보아 준다는 말을 듣고 왔는데 이곳에 오니 사정이 달라졌기 때문이다.

그러던 어느 날 L권사님은 아이를 포함해서 20여명이나 되는 우리 일행을 전세 든 자기 집으로 저녁초대를 하였다. 아직도 집을 잡지 못하고 짐 정리가 안 되어 심난하던 차에 L권사님이 정성껏 준비한 만찬은 모두가 기쁨과 활기를 되찾는 계기가 되었다. 우리 모두가 같은 처지인데 어떻게 L권사님은 심난한 우리의 마음을 꿰뚫어 보시고 이런 정겨운 자리를 마련하였는지 참으로 사려 깊으신 분이라는 생각이 들었다.

얼마 후에 L권사님은 교직원 숙사로 이사하였다. 교직원 숙사는 시내보다 높은데 위치하고 있어 공기가 좋았고 정수가 되지 않은 시내의 수돗물보다 맑은 우물을 사용하고 있었다. 어느날 L권사님은 저녁을 준비하고 나를 초대하였다. 이곳 샘물을 사용한 음식이니 안심하고 드시라고 권하는 L권사님의 정다운 매너는 무표정한 나에게 남을 헤아리는 도리를 깨닫게 하였다.

위장이 약해서인지 이곳 물에 적응하지 못하고 늘 배가 아파 고통스러웠다. 어쩔 수 없이 이곳 의무실 의사의 권유에 따라 2년간의 생활을 마치고 귀국해야만 했다. 공항까지 동행하시며 건강해지면 다시 오라고 말하는 L권사님의 얼굴에는 걱정과 아쉬워하는 모습이 역력하였다.

서울의 위장전문병원에서 위내시경검사와 장내시경검사를 한 결과 암은 아니라는 판정이 나왔다. 그러나 의사는 당신의 병은 풍토병이라고 하면서 다시는 그곳에 가지 말라고 하였다. 나는 암이 아니고 풍토병이라는 말에 얼마나 안심했는지 모른다. 몸이 건강해지면 풍토병은 이길 수 있을 것 같았다. 그리하여 2004년과 2005년에 과기대에서 실시하는 하계학교 프로그램에 건강도 체크할 겸 참여하였다.

그때 L권사님은 공항에 나오셔서 예나 다름없이 다정하게 맞이해 주셨다. 그 뿐만 아니라 방학 동안 출타하시는 다른 교수님의 숙소 사용을 사전에 허가받아 우리 내외가 한 달 동안 기거하는데 지장이 없도록 배려하여 주셨다. 이렇게까지 세심하게 걱정하여 주시는 L권사님은 참으로 센스가 있는 분이라는 생각이 들었다.

건강에 자신이 생겨 2006년 8월에 과기대 교수로 복귀하였다. 공항에 마중 나오신 L권사님은 우리 내외를 보더니 다시 이곳에서 같이 생활하게 되었다고 하시며 얼마나 반가워하는지 몰랐다. 대학에 가까운 곳에 전셋집을 예약하고 당장 필요한 주방도구와 침구도 준비하여 놓았다. 물론 집안도 깨끗하게 청소하였고 편히 쉬도록 정리를 다해 놓으셨다. 누가 이렇게 자상하게 남의 일에 온 정성을 다할 수 있을까 생각하니 절로 머리가 숙여졌다.

L권사님은 나에게 뿐만 아니라 모든 사람에게 친절하고 다정했다. 서울에서 손님이 오면 근처의 관광지를 안내하고, 때로는 멀리 백두산까지 동행하기도 하였다. 분명 피곤할 것인데 짜증을 내거나 불평하는 말을 들어본 적이 없다. 그리고 저녁에는 학생들을 집으로 초대하여 성경을 가르치고, 식사도 같이 나누며 사랑하는 도리를 몸소 보이곤 하였다. L권사님은 이런 일을 자랑한 적이 한 번도 없으며 소리 없이 봉사하시는 믿음의 전도자였다.

남을 존중하고 배려하는 L권사님의 언행을 보면서 학생들에게 더 다정하게, 더 친절하게 그리고 더 자상하게 가르쳐야 한다고 생각한 적이 한두 번이 아니다. 그런 마음으로 학생들을 대하니 수업환경도 부드러워지고, 학습능률도 향상되었다. 그리고 학생과의 관계도 더 가깝게 되어 목적하는바 교육과 선교를 할 수가 있었다.

건강이 허락하는 한 이곳 학생들을 믿음의 기술자가 되도록 교육하고 선교하는데 최선을 다하려고 하였다. 그러나 생각지도 안했던 녹내장으로 시력이 나빠져 어쩔 수 없이 2008월 8월에 귀국해야만 했다. 그러나 L권사님은 이런 고생 저런 고생을 떠맡으며 남편과 더불어 그 곳에서 10년째 봉사하고 계시다. 10년이면 강산도 변한다고 하는데 마음과 생각이 반듯한 L권사님의 다정한 모습은 변하지 않았을 것이다.

나의 건강을 늘 걱정하고 위로와 칭찬을 아끼지 않으셨던 L권사님의 생각이 요사이 간절하다. 그곳의 추위가 예년에 비해 춥다는데 걱정이 된다. 건강한 모습으로 다시 만날 수 있기를 간절히 바라고 있다.

콘크리트 덩어리를 두드리던 노인

중국 연변 과기대는 시내보다 지대가 높은데 위치하고 있으며 넓이가 약 30만평 정도인 완만한 구릉지이다. 학교 재정상 부지 전체를 정지하지 못하고 건물이 설 자리만 정지했기 때문에 군데군데 요철이 심했다. 우묵한 곳은 시내에서 재건축으로 생긴 폐자재나 잔토로 매워나갔다.

이곳 흙은 검은 점토질이어서 비온 후에 걸으면 신발이 온통 진흙투성이가 된다. 비가 오지 않을 때는 땅이 건조해져 바람이 불면 흙먼지로 눈뜨기조차 어렵고 심할 경우에는 흙먼지가 옷 속으로까지 들어오곤 하였다. 나는 비오는 날 이외에는 학교 가기에 가까운 이 완만하지만 상당한 언덕길을 걸어 다녔다.

겨울에는 기온이 영하 25도까지 내려가고 봄이 되어도 매서운 바람은 여전하였다. 다만 햇볕이 쪼이는 우묵한 곳에는 이름 모를 잡초가 자라고, 그 중에 민들레가 노란 꽃을 피웠다. 혹독한 추위를 이기고 어두운 흙속에서 솟아나온 민들레의 노란 꽃이 오가는 나를 수줍은 듯이 반겨 주었다. 옛날을 회상케 하는 이 노란 민들레꽃을 바라보면 마치 내가 시인이 된 것 같은 착각에 빠지기도 하였다.

어느 날 아침 학교에 가다 보니 민들레가 있던 우묵한 곳이 시내의 건물을 헐은 폐자재로 채워져 있었다. 내 마음을 달래주던 민들레가 자취를 감춘 것이다. 그 민들레가 솜털 같은 씨앗을 맺기도 전에 강제적으로 명을 다하게 된 것을 생각하니 너무나 안쓰러웠다.

그런데 그 폐기물 더미에 길이 90㎝, 두께는 45㎝되는 철근콘크리트 덩어리가 있었고, 그 안에 지름 12㎜정도의 철근 두 가닥이 들어 있었다. 학교를 마치고 집으로 돌아가는 길에 메워진 자리를 보니, 머리는 희고 얼굴은 주름살이 가득한 할아버지가 그리 크지 않은 망치로 그 콘크리트 덩어리를 두드리고 있었다. 무엇을 하려는 것이냐고 물어보니 안에 있는 철근을 뽑으려는 것이라고 하였다.

그 철근을 고물상에 팔면 5위안을 받을 수 있다고 하였다. 그 당시(2002년)의 환율로 보아 우리나라 돈으로 환산하면 약 1,000원 꼴이다. 이 5위안을 벌려고 힘도 부칠 것인데 망치질을 하는 할아버지가 너무나도 측은하였다.

다음 날 아침에도 그 길을 따라 학교에 갔다. 여전히 어제 그 할아버지가 콘크리트에 망치질을 하고 있었다. 도시락도 싸가지고 왔고 꼬부랑 할머니도 옆에 있었다. 오늘은 결단코 철근을 뽑아내려고 노부부가 작심하고 온 것 같았다. 힘없이 두드리는 망치질에 굳은 콘크리트가 쉬 부서질 것 같지가 않았다.

일과를 마치고 오후 5시경에 그 길을 따라 집에 갔다. 그런데 노부부는 보이지 않았고 콘크리트 덩어리에는 철근 자리만 있고 철근은 없었다. 어제 오늘 망치질을 하더니 마침내 콘크리트 덩어리에서 철근을 빼낸 것이다. 콘크리트 덩어리에는 수백 개의 망치 자욱이 있었으며 얼마나 수고가 많았는지를 한눈에 알 수가 있었다.

이 철근을 고물상에 팔고 5위안을 받았을 때는 얼마나 기뻐했을까? 이 노부부는 이 돈을 어디다 쓸까? 나이가 많으니 부양가족은 없겠지? 혹시 가족 중에 환자라도 있다면 병원비에 쓸 것인가? 아니면 자기만도 못한 이웃을 위해 기부할 것인가? 이런 저런 생각을 하며 집에 갔다.

집에 와서도 콘크리트 덩어리에서 철근을 빼내려고 애쓰던 노부부의 모습이 자꾸만 어른거렸다. 그러던 중 옛날 아버지의 이야기가 생각났다. 어느 마을에 지독한 구두쇠가 있었는데 어쩌다 동전 1전을 못에 빠뜨려 인부를 사서 물을 퍼내고 그 돈을 찾는데 비용이 10전이 들었다고 한다.

이웃사람이 왜 손해를 보는 어리석은 일을 하였느냐고 하니까 비용 10전은 인부들에 갔으니 잃은 것이 아니고, 잃었던 1전은 되찾았으니 손해를 본 것은 아니라고 말했다고 한다. 10전을 쓰고 1전을 찾은 사람은 구두쇠가 아니었던 것이다.

내가 중국 연변 과기대에 교육선교사로 간다고 하니까 친구들이 극구 만류하였다. 그 나이에 무슨 봉사냐, 지금껏 사회를 위해서 나라를 위해서 많은 일을 했는데, 이제는 편히 쉴 때이지 자신을 혹사해서는 안된다고 하였다. 그러나 내가 좋은 일을 하려고 하는데 나이가 무슨 상관이냐고 오히려 안심시키고 떠나 온 것이다.

그러고 보니 노부부가 힘들여서 콘크리트 덩어리에서 철근을 빼낸 것은 잘한 일이 아닌가? 만일 그렇지 않았다면 그 철근은 녹슬어 흙으로 돌아갔을 것이고 재생하여 다시 사용할 수 없을 것이다. 그리고 10전을 쓰고 1전을 찾은 사람이 구두쇠가 아닌 것과 같이 지난날의 나를 생각하지 않고 조금이나마 선한 일을 하려고 고국을 떠나온 나도 잘한 것이라는 생각이 들었다.

어느 환경미화원의 아들

어느 해 겨울 새벽 4시에 새벽기도회에 가려고 집을 나섰다. 새벽바람이 제법 쌀쌀하였고 주변의 집들은 아직도 어둠 속에 잠들어 있었다. 골목길을 돌아 큰 길로 나오니 희미한 가로등 밑에 쓰레기 수레가 있는 것이 보였다.

저만치 작업복을 입은 한 환경미화원이 쓰레기를 수거하여 걸어오고, 그 뒤에 중학교 1학년이나 될까하는 학생이 마지막인 듯한 쓰레기를 들고 따라오고 있었다. 수거한 쓰레기를 수레에 실으니 가득 차게 되었고 환경미화원은 앞에서 수레를 끌고 학생은 뒤에서 수레를 밀었다.

희미한 불빛에 비친 환경미화원은 몸이 약해 보였다. 아마 시골에서 서울로 올라와 환경미화원이 된 것 같았으며, 가족을 위해 이 서툰 일을 하는 것 같았다. '애야 조심하라' 라고 말하는 사람은 아버지였고, '예, 걱정마세요' 하고 대답하는 학생은 아들이었다.

쓰레기 수레는 희미한 가로등을 배경으로 저만치 사라져 갔다. 이 모습을 본 나는 그 아들의 효심에 얼마나 감동했는지 모른다. 비록 아버지가 환경미화원이지만 아버지를 공경하는 모습이 역력하였다. 아버지가 힘겨워하는 일을 도우려고 일찍 일어난 그 아들이 얼마나 기특한지 자꾸만 그 모습이 머릿속에서 어른거렸다. 중학교 1학년, 그 나이에는 새벽잠에 빠져 일어나기 힘들 텐데 어머니가 깨웠던지 본인 스스로가 일어났던지 참으로 착한 아이구나 하는 생각이 들었던 것이다.

어릴 때 아버지로부터 효는 모든 일의 근본이라는 말을 들었다. 성경에도 부모님을 공경해야 복을 받는다고 하였다. 어린 학생이 새벽잠을 뿌리치고 아버지를 돕는다는 일이 어찌 쉬운 일인가? 그 학생을 도와주지 못한 것이 여간 후회스러운 것이 아니었다. 얼굴이라도 똑똑히 볼 걸, 아니 이름이라도 물어보고 칭찬하고 격려라도 했어야 하는데, 왜 나는 이렇게 순발력이 없고 매사를 뒤에서 뉘우치는지 못난 자신을 책망하지 않을 수가 없었다.

이것이 30여년 전의 일이니 지금쯤 그 학생은 중년이 되었을 것이다. 집안이 가난하였을 터인데 대학은 졸업하였는지? 경쟁이 심한 사회에서 가난으로 낙심하지는 않았는지? 하고 걱정이 되었다. 그러나 부모를 공경하면 복을 받는다고 하였으니 틀림없이 잘 되었을 것이다. 그 아버지가 살아 계시다면 70세는 넘었을 터인데 효자 자식을 두어 노년에 얼마나 마음이 편할 것인가. 이런 혼잣말을 하며 그 환경미화원의 아들을 늘 잊지 못하고 있었다. 그런데 도와줄 기회가 온 것이다.

중국 연변 과학기술대학에 교육선교사로 봉사할 때의 일이다. 그 당시만 해도 중국에 사는 조선족들의 생활은 말로 표현하기 어려울 정도로 가난하였다. 그런 중에도 부모들은 자식들만은 어떻게 해서라도 고등교육을 시키려고 하였다.

어느 날 한 조선족 아주머니가 숙소로 찾아왔다. 도와줄 겸 가정부로 일하게 해달라는 것이다. 사실 우리 두 내외는 가정부를 둘 만큼 넉넉하지도 않았고 또 그럴 필요도 없었다. 그러나 간절히 애원하는 그 모습이 안쓰러웠으며 요구하는 월 급료도 생각보다 많지 않아 집에 오도록 하였다.

약 1년이 지난 8월에 들어서자 아주머니의 얼굴에 수심이 가득하였다. 무슨 일이냐고 물었더니 주저하면서 아들이 북경 인민대학교에 합격은 되었으나 등록금이 없어 밤잠을 자지 못한다고 하였다. 듣고 보니 측은한 생각이 들었다. 그 때 옛날 쓰레기 청소를 하던 환경미화원의 아들이 머리에 번갯불처럼 떠올랐다. 그 당시 그 학생을 돕지 못했던 것이 지금껏 마음의 짐이었는데 하나님은 나에게 아주머니 아들을 도울 기회를 주신 것이 아닌가 하는 생각이 들었다.

그리하여 생활에 다소 어려움이 따르는 것을 감수하고 아주머니 아들의 등록금을 일절 부담했다. 고맙다고 말하는 아주머니의 눈에는 따스한 햇살을 받아 녹아내리는 고드름의 물과 같은 맑은 눈물이 연신 흐르고 있었다. 그리고 머릿속에는 환경미화원 아들의 웃는 얼굴이 떠올랐다. 내가 기쁜 것은 말할 나위 없었고 마음은 마치 파란 가을 하늘을 보는 것과 같이 상쾌하고 시원스러웠다. 선한 일에는 아깝다는 생각이나 후회스럽지 않은 아름다운 마음이 생긴다는 것은 확실하였다.

100억원을 기부한 C교수

C교수를 처음 만난 것은 35년 전 신록이 우거진 초여름의 어느 날 내 연구실에서였다. 사전에 연락은 있었지만 처음 만나는 분이라 다소 긴장이 되었다. 이윽고 찾아온 그 분은 키는 작았지만 온유하고 야무진 모습으로 첫눈에 외유내강한 분이라는 것을 느낄 수가 있었다.

그 분과 전공분야에 대한 여러 가지 의견을 나누었다. 이 과정에서 뜻있는 일을 하려고 하는 그의 진실한 모습에서 앞으로 큰 일을 하실 분이라는 인상을 받았다. 더욱이 처음 만나는 나에게 솔직하게 자기의 꿈을 말하는 그의 용기와 의욕적인 도전정신은 매사에 우유부단했던 나에게 큰 교훈이 되기도 하였다. 이것이 인연이 되어 그 분과의 우정을 나눌 수가 있었고, 공석에서나 사석에서 가끔 만날 기회도 갖게 되었다.

만날 때마다 남을 높이고 자기는 낮추는 겸손한 그의 태도에서 예의 바른 분이라는 생각이 들었다. 그리고 어려운 일은 자기가 더 많이 하면서도 공치사를 하지 않았다. 조용하였지만 맡겨진 일은 온 정성을 다하여 실천하는 책임감도 있었다. 기쁜 일이 있거나 마음 상하는 일이 있을 때에도 일희일비하지 않았다. 제자들을 사랑하는 마음이 남달랐으며 솔선해서 모범을 보이기도 하였다. 자기를 비난한 사람일지라도 원망하지 않고 분함을 참는 너그러운 마음도 있었다.

C교수를 만나면서 은연중에 이렇게 사는 것이 바르고 현명하게 사는 법이구나 하는 것을 깨닫게 되었다. 그리하여 무슨 일이건 정성껏 해야 하고, 어떠한 경우에도 짜증을 내지 말아야 하고, 남에게 도움이 되는 사람이 되어야 한다고 다짐했었다.

어느덧 그 분도 정년이 되었다. 정년퇴임식에서 보니 옛날 나를 처음 찾아왔던 젊고 패기만만하던 모습이 아니었다. 얼굴에는 세월의 그늘이 드리워져 있고 머리는 파뿌리처럼 희여 있었다. 그러나 사회와 나라를 위해서 더 일을 할 수 있는데 학교를 떠나야 한다니 아쉬운 생각이 들었다.

퇴임식 축사에서 C교수님, 이제는 약주 드시는 것도 좀 배우고, 제자들과 한잔 하면서 덕담도 하십시오. 그간 긴장하던 생활에서 마음 놓으시고 사모님과 함께 유람도 다니며 세상 구경도 하시기 바랍니다, 라고 말하였다.

그 후 여러 해 소식을 모르고 지냈다. 어느 날 그의 제자 한 사람을 만난 김에 C교수의 안부를 물어 보았다. "은사님은 고양시에 있는 땅을 다 팔아 그 돈, 거의 100억원이 되는 돈을 전부 천주교단에 기부했으며 당신은 연립주택으로 이사했다"고 하였다. 이 이야기를 듣고 놀라지 않을 수가 없었다.

항상 씀씀이가 검소하였기에 그 분이 그런 재산을 가지고 있는 줄은 전혀 몰랐다. 욕심 많은 이 세상에서 어떻게 그 많은 재산을 전부 기부하고 자기는 값싼 집으로 이사할 수가 있단 말인가?

지난날 C교수의 겸손하고 언제나 남을 먼저 생각하는 따뜻한 인간미와 이기려고 하지 않고 늘 지는 생활을 한 온유함은 욕심을 버리고 마음을 비운데서 오는 선한 실천이었다는 것을 알았다.

사람이란 하나를 얻게 되면 또 하나를 바라게 되고, 그것도 더 많은 것으로 채우려는 욕심이 생기는 존재이다. 우리나라 속담에도 99석을 가진 사람이 100석을 채우기 위해 1석을 더 가지려고 한다는 말이 있지 않은가? 그런데 C교수는 세속적인 욕심을 채우려고 한 것이 아니라 여러 사람을 위한 '한 알의 밀알' 이 되려고 했던 것이다.

정말로 C교수는 세속적인 명예와 부귀의 노예가 되지 않으려고 마음을 비우고 오히려 하늘의 복을 위해서 욕심을 버렸던 것이다. 욕심을 버리고 마음을 비울 수 있는 사람이 진짜 훌륭하고 강한 사람이다. 속이 없는 대나무가 폭풍에 쓰러졌다는 말을 들어보지 못했다.

개인적인 욕심을 버리고 100억원을 선한 일에 쓰도록 기부한 C교수는 보기에는 약해 보였지만 진정 강한 사람이고 멋진 교수였다

나의 첫사랑 교회

신록이 우거진 6월의 어느 날 초저녁에 친구를 만나고 집으로 돌아오던 길이었다. 근처에서 "시험걱정 모든 괴롬 없는 사람 누군가, 부질없이 낙심 말고 기도 드려 아뢰세, 이런 진실하신 친구 찾아 볼 수 있을까, 우리 약함 아시오니 어찌 아니 아뢸까" 라는 찬송이 들렸다.

이 찬송이 대학 진학을 못하고 허탈감으로 방황하는 내 마음을 얼마나 달래주는지 나는 서서 한참동안 울었다. 그리고 조심조심 찬송을 부르는 집 안으로 들어갔다. M교회라는 작은 간판이 붙은 건물은 단층의 가정집이었으며, 칸막이를 없앤 약 30평정도의 공간에 50명 정도의 남녀노소가 앉아서 예배를 드리고 있었다.

불빛에 비친 단상의 목사님은 젊은 분이었으며 "구하라 그러면 너희에게 주실 것이요, 찾으라 그러면 찾아낼 것이요, 두드리라 그러면 너희에게 열릴 것이니"라는 성경말씀을 주제로 설교하고 있었다. 마치 나를 모델로 하고 말씀하시는 것 같았으며, 어떻게 나의 착잡한 마음을 다 알고 게신지 의아스러운 생각이 들기도 하였다. 말씀이 끝날 때까지 내내 눈물을 흘리며 들었다. 그리고 가난한 아버지에게만 의존해서 진학을 하려던 내 자신이 너무나 무기력했던 것을 알게 되었고, 왜 스스로가 진학의 문을 두드리고 열 생각을 못했는지 여간 후회스러운 것이 아니었다. 예배를 드리는 장소는 좁고 초라하였지만 좌절과 절망에서 방황하던 나에게 도전해야 한다는 용기와 깨우침을 주고, 시들어가는 내 영혼을 소생시켜 새 소망을 갖게 한 교회였다. 또한 나약했던 마음을 강하게 하고, 매사에 소극적이었던 나에게 적극성을 갖게 한, 이 교회가 나의 첫사랑 교회였다.

겁 많고, 무기력하고, 주변머리 없던 내가 이 정도로 사람노릇을 할 수 있는 것은, 나의 첫사랑 교회에서 만난 하나님 때문이라고 확신하고 있다. 그는 늘 내 곁에서 나를 지켜주시고, 위급할 때마다 내가 피할 큰 바위가 되어 주시었다. 지난 날 6 · 25전쟁의 격전지에서 나를 살려주시고, 미국에서 공부할 때 미칠 번한 나를 소생시켜주셨고, 잡초와 같은 나를 대전의 직장에서 서울의 직장으로 옮겨 주셨던 것이다. 그리고 어떻게 감당할 수 있을까 마음 조리고 걱정했던 큰일, 작은일 들을 용케도 해낼 수 있었던 것은, 나의 첫사랑 교회에서 내 마음 속에 심어준 구해야 하고, 찾아야 하고, 두드려야 한다는 말씀이 늘 내 마음 속에 살아 있었기 때문이었다. 이 말씀에 의지해서 한 눈 팔지 않았으며, 낙심하지 않고 노력했던 것이다.

만일 그 생명의 말씀을 듣기 못했더라면 나는 꿈이 없는 졸장부가 되었을 것이다. 이런 체험으로 교회란 어둠을 밝혀주는 등불이며, 새

힘을 주는 요람지라고 여기고 있다.

지금 우리나라는 무엇이 선이고, 무엇이 악인지 혼돈스러울 때가 많다. 막가는 세상이 아닌가 걱정스러울 경우도 있다. 불의와 부도덕을 알면서도 나와는 상관없는 일이라고 모른척하고 자신만을 보호하려고 한다. 자녀들은 부모님을 공경할 줄 모르고 불순종하며 학대를 한다고도 한다. 학생들은 폭력에 휩쓸리고 심지어 선생을 구타하는 일도 있다. 사회는 양심과 정의와 신뢰보다도 돈과 권력과 명예만을 추구하고 있다. 이런 풍조로 인하여 사회는 더욱 타락하고 사악해지는 것 같다.

오늘날 가정과 학교와 사회가 소홀히 하고 무관심한 이런 일들을 치유할 곳은 교회 밖에 없다고 생각한다. 그러므로 교회는 세상에서 소외되고, 악에 빠지고, 영혼이 상한 사람들을 위한 일에 더욱 힘써야 할 것이다. 요사이 교회를 비난하는 사람도 있다. 좀 더 완벽을 기하기를 바라는 염원에서 일 것이다. 그러나 교회마다 그 정도의 차이는 있지만 선과 의와 사랑을 위해 일반인이 하지 못하는, 하기 싫어하는 일들을 하고 있는 것은 사실이 아닌가. 이런 견지에서 병들어가는 사회를 치유하고, 예수님의 말씀으로 새사람이 되게 하는 교회는 더욱 환영받아야 하고 번창되어야 할 것이다.

지난 날 내가 첫 발을 들였던 작고 초라하였지만 낙심하고 방황하던 내 영혼을 치유하여 뜨거운 눈물을 흘리게 한, 나의 첫사랑 교회와 같은 교회가 많았으면 얼마나 좋을까 하는 생각이 간절하다.

4
삶

일의 선택

어느 해인가 신록이 우거진 화창한 6월에 내가 지도하는 학생들을 인솔하고 모 빌딩 건축공사 현장견학을 갔었다. 당시 그 공사의 현장소장은 S대학교 건축학과를 졸업하고 10여년간 건축현장에서 잔뼈가 굵은 건축기술자였다.

일반적으로 건축학과 졸업 후의 진출분야는 크게 건축설계사무소와 건설회사로 나누어진다. 간단히 말해 건축설계사무소란 건축물을 도면 위에 표현하는 일을 하는 곳이고, 건설회사는 도면에 표시되어 있는 건물이나 기타 시설물의 공사를 맡아 일하는 곳이다. 앞서 말한 현장소장은 건설회사에 속한 사람이다.

견학을 마치고 헤어질 때 그 현장소장은 나에게 다가와 이런 일을 할 줄 알았으면 건축학과에 입학하지 않았을 거라 하면서 후회하는 모습이 역력했다. 듣기가 민망하여 지금이라도 건축설계사무소에 가면 되지 않겠느냐고 했더니, 지금 다 늙게 어떻게 건축설계사무소에 가느냐고 하였다. 이것도 저것도 안 된다니 딱한 생각이 들었다.

사실 우리는 살아가면서 선택을 해야 할 때가 많이 있다. 친구의 선택, 학교의 선택, 대학에서 전공의 선택, 졸업 후의 직장의 선택, 결혼 시의 배우자의 선택 등 이루 헤아릴 수 없이 많은 선택의 문제에 직면하게 된다. 만일 바르게 선택해야 할 문제를 바르게 선택하지 못하였을 때, 또는 그렇게 해야 했을 것을 그렇게 하지 못하였을 때는 시간이 갈수록 후회와 원망이 크게 따르기 마련이다.

현장소장이 후회하는 모습을 보고 어떻게 하는 것이 일을 바르게 선택하는 것이고, 일단 선택한 일에 대해서는 어떠한 마음가짐을 가지고 살아야 하는가를 생각해 보았다. 사람은 누구나 자기에게 합당한 소질이나 슬기가 있다고 한다. 그런데 나의 소질이나 슬기가 무엇인지를 발견하기란 쉬우면서도 어렵다.

쉬운 경우란 내가 그 일을 좋아하는지, 그 일에 관심이 많은지. 그 일에 남보다 솜씨나 능력이 있는지 등을 심사숙고하면 합당한 소질이나 슬기를 어렵지 않게 발견할 수가 있다. 어려운 경우란 남이 하는 일을 보고 나도 할 수 있지 않겠는가, 또는 하다 보면 어떻게 되겠지 하는 막연한 생각에서 선택할 때이다.

물론 이것이 내 소질이고 슬기라고 생각하는 것만으로 일이 성사(成事)되는 것은 아니다. 선택한 일을 이루려면 그에 합당한 인내와 단련이 있어야 한다. 여기에 더해서 자기가 선택한 일을 통해서 이웃에게 도움이 되고, 세상을 더 편하게, 더 아름답게 하려는 사명감이 있어야 한다.

우리는 때때로 자기가 일을 잘 선택했으면서도 남이 하는 일을 보고 자기가 선택한 일을 비하하거나 비굴하게 생각하는 경우가 있다. 그리하여 자기가 선택한 일을 보다 성숙하게 이루려는 노력보다도 남의 일을 엿보는데 더 많은 시간을 보낸다.

앞서 말한 현장소장은 일의 선택을 잘한 것이라고 생각한다. 왜냐하면 싫은 일을 어떻게 10여 년간 할 수 있었겠는가. 소질이나 슬기라는 것은 숨겨져 있어 미처 발견하지 못한 경우도 있다. 또한 자기의 소질이나 슬기인줄 모르고 선택한 일이 진의 자기의 소질이나 슬기일 수도 있다. 이런 것을 생각할 때 지금 현장소장은 일을 잘못 선택한 것은 아니라고 생각된다. 아주 싫은 일이라면 벌써 다른 일로 바꿨을 것이 아닌가. 다만 자기가 하는 일을 극대화시키려는 의욕과 선택한 일에 대한 자부심이 없었던 것이다.

만일 자기가 선택한 일에 대한 확신을 가졌다면 후회할 틈이 없었을 것이다. 한국 건설을 개선하고 발전시키기 위해 해야 할 일이 너무 많기 때문이다. 이를테면 창의력을 발휘해서 현재의 기술을 개선하려고 노력했을 것이고, 지금보다도 더 좋게, 더 빠르게, 더 경제적으로 건설할 수 있는 방법을 창출할 수 있었을 것이다. 더 나가 낙후된 우리나라 건설산업을 발전시키려면 무엇을 어떻게 해야 할 것인가에 대한 방안도 강구(講究)할 수 있었을 것이다.

자기가 하는 일에 대한 애착심이 없으면 남의 일을 동경하게 되고, 자기 일에 대한 자부심은 물론 사명감도 가질 수 없게 된다. 그러므로 일단 일을 선택하면 남의 일에 대한 부러움은 버려야 한다. 내가 하는 일에 대한 즐거움이 있어야 무엇인가 더 잘 이루고자 하는 의욕이 생긴다. 잘 선택한 일을 이런 저런 이유로 인정하지 않으려다 오히려 일의 선택을 그르치는 우를 범해서는 안 된다.

그리고 아무리 일을 잘 선택했다 해도 그에 따른 노력이 없다면, 피땀을 흘리지 않은 농부가 풍성한 수확을 기대할 수 없는 것과 같이 만족스러운 결실을 기대할 수는 없을 것이다.

인재

몇 년 전에 베트남과 캄보디아를 방문할 기회가 있었다. 베트남이나 캄보디아 두 나라 모두가 프랑스의 식민지였고, 오랜 내전을 겪은 나라이다 보니 지금의 사정은 어떠할까하는 궁금증도 해소할 기회가 되리라 생각하였다.

베트남이 독립을 위해서 프랑스와 싸웠고, 나라가 월맹과 월남으로 분단된 후에는 미국과 근 11년동안 싸워 결국에는 승리하여 오늘의 통일된 베트남이 된 것은 잘 알려진 사실이다. 그 당시 월맹의 지도자 '호치민' 이 이끄는 월맹군은 수적으로나 화력과 장비 면에서 미군과 비교가 되지 않았다. 이런 열악한 조건 하에서 어떻게 월맹이 세계 최강국인 미국을 굴복시키고 격퇴할 수 있었을까 하는 것은 마음속에 늘 따라다니는 의문이었다.

이와 같은 의문은 베트남의 수도 하노이에 있는 호치민 생가와 호치민 박물관을 견학하고서야 완전히 해소할 수 있었다. 한 나라의 대통령격인 호치민 주석이 썼다는 유품은 믿기 어려울 정도로 소박하고 서

민적인 것이었다. 호치민은 '지금 일선에서는 조국의 통일을 위해서 피를 흘리며 싸우고 있는데 어떻게 내가 궁에서 편히 쉴 수 있겠느냐' 하면서 마땅히 자기가 기거할 주석궁을 마다하고 주석궁을 가꾸는 정원사의 집에서 살았다고 한다.

그러나 내가 가장 감동한 것은 호치민 주석은 앞으로 베트남이 선진대국으로 진입하려면 인재가 필요하다는 것을 역설하고, 전쟁 중인데도 불구하고 유능한 청년 100명을 선발하여 프랑스로 유학을 보냈다는 것이다. 인재가 국력의 바탕이라는 것을 간파한 호치민은 역시 베트남의 훌륭한 지도자였다. 나라의 독립과 장래의 선진 조국을 위해 사심 없이 국가를 영도하고 청빈하게 생활한 호치민 주석이 있었기에 베트남이 통일될 수 있었다는 것을 알게 되었다.

지금은 그 당시 유학을 갔던 사람들이 호치민의 유지를 받들어 선진조국의 건설을 위해서 정치, 경제, 사회, 교육 모든 분야에서 선도적인 역할을 하고 있다고 한다. 특히 고등학교까지는 의무교육이라고 하니 이 역시 호치민의 뜻을 반영한 것이 아닌가 하는 생각도 들었다.

현재 베트남은 국민 1인당 소득이 1,000달러에 불과하지만 아침 일찍 자전거를 타고 힘차게 학교로 가는 학생들의 반짝이는 눈동자에서, 그리고 바삐 움직이고 있는 거리의 활기찬 사람들의 모습에서 베트남이 선진국 대열에 진입하는 날도 멀지 않을 것이라는 인상을 받았다.

하노이의 방문을 마치고 11세기경에 지었다는 유명한 '앙코르와트 사원' 을 견학하기 위해서 캄보디아로 갔다. 캄보디아는 베트남과 인접하고 있으며 역시 프랑스의 식민지였다. 그러나 캄보디아에서는 1975년에서 1979년에 이르는 기간에 독재자 '폴포트' 가 정권을 장악하면서 지식인, 부르주아라고 생각되는 사람 300만여명을 가차 없이 체포하여 학살했다고 한다. 이로 인해 캄보디아에는 지식인이 없고 중간층 연령의 사람들이 적으며 인구의 50%가 20대 이하라고 하였다.

호치민이 지식인이나 농민이나 할 것 없이 하나가 되어 조국통일에 기여하도록 하고, 장차 조국의 발전을 위해서는 국력의 바탕이 되는 인재가 있어야 한다고 주장하면서 전쟁 중에도 우수한 청년을 선발하여 프랑스에 유학을 보낸 데 반해 폴포트는 유학은 고사하고 국력의 바탕이 되는 인재를 모두 학살했다니 나라가 잘 될 리가 없었다.

과연 캄보디아에 들어서니 베트남에서는 볼 수 없던 헐벗고 영양실조로 허약해진 어린이들이 몰려와 "1달라 1달라"하면서 구걸하였다. 이 처참한 모습이 너무나도 안타까웠다. 어떻게 정치를 하였기에 국토가 우리나라의 1.8배가 되고 지하자원이 풍부하다는 캄보디아가 이 지경이 되었는가 말이다.

캄보디아는 현제 1인당 국민소득이 450달러에 불과하다고 하며, 국가 재정상 학교를 지을 수 없어 유니세프나 종교단체에서 지어준 가건물에서 아이들이 공부를 한다고 하였다. 40세 정도의 나이 대에서는 73%정도가 문맹이라고 하니 이 나라의 비참한 사회상을 짐작할 수 있었다.

그러나 건축적으로나 예술적으로나 뛰어난 '앙코르와트 사원' 을 보면서 캄보디아 사람들은 재주가 있는 민족이라는 생각이 들었다. 만일 캄보디아가 국력의 바탕이 되는 인재를 길러야 한다고 강조한 '호치민' 과 같은 훌륭한 지도자를 만날 수 있다면 캄보디아도 빈곤에서 헤어나 선진국에 진입할 수 있을 것이라고 생각되었다.

이 두 나라를 방문하면서 인재가 국력이라는 것을 절실히 느꼈다. 우리나라는 현재 UN가입국 198국중 경제적으로 11위권을 유지하는 풍요로운 나라이다. 그러나 이는 100여 년 전 우리나라에 온 선교사들이 가난하고 무지한 우리나라 백성을 깨우치려고 교회에서 한글을 가르치고, 학교를 설립하여 인재를 기른 데 있다고 생각하였다.

프랑스가 베트남이나 캄보디아를 오랫동안 점령하고 있었지만 학교는 세우지 않았다고 한다. 인도네시아나 아프리카에도 일찍부터 많은 선교사가 파송되었지만 학교는 세우지 않았다고 한다. 진실로 나라를 발전시키려면 국력의 바탕이 되는 인재를 길러야 한다는 것은 재론할 필요 없이 중요하다는 것을 이번 두 나라를 방문하면서 새삼 느낄 수 있었다.

만남

지난 5월 14일은 어버이주일이었다. 그날 따라 날씨도 화사했고 교회 분위기도 다른 날과는 달리 더 훈훈하였다. 3부 예배 후에 이어서 어버이날 행사가 있었다. 70세 이상 되시는 어머님, 아버님들이 빨간 카네이션 꽃을 가슴에 달고 앞 단상으로 나왔다.

나도 그 중에 한 사람이 되어 자리를 차지했다. 앞을 보나 뒤를 보나 오랜 세월에 머리는 희어지고 예뻤던 얼굴에는 주름살이 그어진 어머님, 아버님들이 웃고 계셨다.

이윽고 교우들이 부르는"나실 제 괴로움 다 잊으시고, 기르실제 밤낮으로 애쓰는 마음, 진자리 마른자리 갈아 뉘시며 손발이 다 닳도록 고생하시네, 하늘 아래 그 무엇이 넓다 하리오, 어머님의 희생은 가이없어라"라는 노래가 시작되자 여기저기서 훌쩍이는 소리가 들렸다.

연신 눈물이 나왔다. 그리고 이제는 하늘나라에 가신 지 30년이 되는 어머니, 아버지를 마음속에서나마 다시 만날 수 있어 얼마나 기뻤는지 모른다.

어버이날에 만들어진 이 멋진 만남의 자리가 부모님의 은혜를 되새기게 하고 교인 상호간의 우애를 돈독하게 하는 계기가 되었던 것이다.

이 일이 있은 후 만남의 중요성을 다시 생각하게 되었다. 우리는 살아가면서 부모와의 만남, 스승과의 만남, 친구와의 만남, 배우자와의 만남, 기타 많은 사람과의 만남 등 여러 가지 만남이 있다. 이와 같은 만남은 우리 삶에 인연이 되어 새로운 역사(役事)를 이루기도 한다.

우리는 흔히 여자는 좋은 남편을 만나야 행복해지고 남자는 좋은 아내를 만나야 푸근해진다고 한다. 제자는 스승을 잘 만나기를 원하고 스승은 제자를 잘 만나고 싶어 한다. 가난하였던 '록펠러' 가 좋은 어머님과의 만남으로 신실한 신앙인이 되고 마침내 세계의 석유왕이 되었다는 이야기도 있다.

기독교인을 핍박하던 '바울' 이 다메섹에서 예수님을 만남으로 인하여 인류 역사상 가장 훌륭한 사도가 된 것은 다 아는 사실이다. 반면 '히틀러' 와 같은 독재자를 만남으로 불행한 역사를 겪기도 하였다.

우리는 살아가면서 만남의 관계가 원활하지 못한 개인이나 기업은 쇠퇴하거나 망하는 경우를 자주 보게 된다. 실로 만남이 좋고 나쁨에 따라 우리 삶이 행복하게도 되고 불행하게도 된다. 그리하여 나는 어떠한 만남이 좋은 만남인가를 생각해 보았다.

때때로 벌이 꽃 속에서 무엇인가 일을 하는 것을 본다. 자세히 보면 꽃은 벌에게 꿀을 주고 꽃가루를 받아 열매를 맺고, 벌은 꽃가루를 옮겨 주고 꿀을 받아 살아가고 있다. 더 자세히 관찰하면 꽃과 벌은 서로를 인정하고 사랑하고 배려하는 정이 물씬 품기는 것을 볼 수 있다.

이 꽃과 벌의 만남이 가장 좋은 만남이 아닌가 생각한다. 좋은 만남이 되려면 '주는 것이 먼저냐, 받는 것이 먼저냐' 가 문제가 된다. 꽃은 벌에게 꿀을 주고 꽃가루를 받으며, 반대로 벌은 꽃가루를 옮겨 주고 꿀을 받음으로 살아간다. 그러므로 주는 것이 먼저가 되고 받는 것이 나중이 되어야 순리에 맞을 것이다. 이 법칙대로라면 당연히 먼저 주고 나중에 받아야 한다. 주고받는다는 것은 물건만이 아니라 정이기도 하다. 정을 주고받은 사람과의 만남은 쉬이 지워지지 않는 사실로도 알 수가 있다. 사실상 무엇인가를 주고받을 때는 정도 같이 오간다. 아무런 정이 없이 물건을 주고받는다면 그것은 기계적인 행위에 지나지 않는다. 그럼으로 무엇인가를 주고받을 때는 정이 따르기 마련이다. 우리가 정을 주고받을 때 거기에는 에너지가 형성되어 선한 마음과 아끼고 위하는 마음이 생겨 더 잘하고 더 사랑하려는 의욕이 생긴다.

우리는 '받은 것이 있어야 주지' 또는 '당연히 받을 것을 받는 것' 이라고 상대방을 인정하지 않고 자기중심적으로 생각을 할 때가 있다. 받는 것이 먼저라고 생각하는 사람이나 상대방을 인정하지 않는 사람과의 만남은 정이 오가지 않기 때문에 좋은 만남이 될 수 없다.

세상에서 말하는 은혜도 모르는 사람이라는 것은 따지고 보면 받기만 하고 베풀 줄 모르는 사람을 말한다. 이런 사람과의 만남은 정이 오가지를 않는 기계적인 만남이 되어 좋은 만남이 될 수 없을 것이다.

공생

공생(共生)이란 서로 같은 곳에서 생활하는 것, 또는 서로 같이 살아가는 것을 말한다. 예를 들어 두 생물이 한 곳에서 서로 이익을 주고받으며 공동생활을 하는 것과 같은 것이다. 이와 같이 우리 인간도 혼자가 아니라 이웃과 더불어 공생하고 있다. 그러나 남과 더불어 산다는 것은 쉬운 문제가 아닌 것 같다. 나는 공생할 수 있는 이치를 산에 있는 나무와 오케스트라의 악기를 보면서 생각해 보았다.

산에는 여러 종류의 나무가 있다. 나이가 많은 나무도 있고 나이가 어린 나무도 있다. 키가 큰 나무가 있고 키가 작은 나무도 있다. 사시사철 푸른 소나무가 있는가 하면 가을이면 잎이 누이동생 꼬까옷처럼 물들었다가 떨어지고 봄에 다시 잎이 나는 단풍나무도 있다. 어느 나무는 햇빛이 잘 쪼이는 양지바른 곳에 있고 어떤 나무는 종일 햇빛을 보기가 힘든 음지에 있는 것도 있다. 재목으로 쓰이는 나무도 있고, 과실나무도 있으며 관상나무도 있다.

그런데 나이가 많은 나무가 나이가 적은 나무를 무시하거나 나이가 적은 나무가 나이가 많은 나무를 질투하지 않는다. 키가 큰 나무가 키가 작은 나무를 멸시하거나 키가 작은 나무가 키가 큰 나무를 시기하지도 않는다. 여러 가지 나무가 있지만 서로가 서로를 인정하고 서로가 서로를 존중하며 사이좋게 지내고 있다. 결코 내가 너보다 잘 생기고 쓸모가 있다고 자랑하지 않는다. 왜 나는 양지에 태여 나지 못하고 음지에 태어 났는지 비관하는 나무도 없다. 왜 나는 사시사철 푸른 소나무로 태어나지 못했는지 불평하는 나무도 없다. 나무들은 자기가 태어난 대로 그 위치에서 최선을 다하며 이웃나무와 오순도순 지내고 있다. 나무마다 비가 오면 비를, 눈이 오면 눈을 똑같이 맞지 서로 덜 맞으려고 꾀를 부리지 않는다. 새들이 이 나무 저 나무 옮겨 다녀도 시기하지 않고 자기 차례가 오면 반기고 그렇지 않으면 올 때까지 기다린다.

이와 같이 산에 있는 나무들은 언뜻 보기엔 무정한 것 같으면서 정이 있고, 무질서한 것 같으면서도 질서가 있다. 정이 있다는 것은 서로가 서로를 위로하고 남의 자리를 탐내지 않는다는 것이다. 질서가 있다는 것은 서로가 서로를 인정하고 존중하며, 어떠한 경우나 높낮이를 따지지 않는 공정한 법과 제도가 있다는 것이다. 또한 나무들은 자기가 살아가는 권리는 있어도 특권이라는 것은 없는 것 같다. 무엇보다도 나무들은 결코 서두르지 않으며 자연의 순리에 따라 기다리는 인내심이 있다. 그리고 어떠한 경우나 공정하고 공평하지 자기의 유익만을 구하기 않는다.

우리가 사는 세상에도 이런 사람 저런 사람이 있다. 지위가 높은 사람도 있고 낮은 사람도 있다. 부유한 사람도 있고 가난한 사람도 있다. 그런데 산에 있는 나무들은 차별 없이 살아가는데 우리가 사는 세상에는 편을 가르고, 계층을 따진다. 나무들은 서로를 인정하고 서로를 존중하며 살아가는 윤리감이 강한데 반해 사람들은 상부상조하며 살아가는 윤리감이 약하다. 이로 인해 서로를 신뢰하지 못하는 메마른 사회가 되고, 신뢰성이 없다보니 오해와 갈등을 가져오기도 한다. 그리고 나무들은 자기의 처지를 극복하려고 하는데 반에 사람들은 그러한 노력이 부족하다. 그뿐만 아니라 남의 탓을 하며 자기의 의무와 책임을 소홀히 한다. 또한 사람들은 성급하고 자기만을 생각하며 이기적으로 살아가려고 한다. 이런 것들이 공생을 저해하는 요인이 되는 것 같다.

나는 오케스트라의 교향곡을 좋아 한다. 웅장하고 때로는 감미로운 소리를 내는 오케스트라는 여러 악기로 구성되어 있다. 큰 악기도 있고 작은 악기도 있다. 크다고 더 중요하고 작다고 덜 중요한 것이 아니라 똑같이 중요하다. 크고 작은 악기가 균형을 이루고 서로 마주보며 각기 다른 소리를 낼 때 아름다운 교향곡이 된다.

만일 오케스트라가 큰 악기만으로 구성된다면, 반대로 작은 악기로만 구성되었다면 감동을 주는 아름다운 소리를 낼 수는 없을 것이다. 이와 같이 이 세상이 어떠한 층의 사람만으로 구성된다면 조화롭고 균형있는 사회가 되지 못할 것이다. 오케스트라의 작은 악기나 큰 악기가 어울려 서로가 서로의 소리를 인정하고 배려할 때 아름다운 교향곡이 되듯이, 우리가 사는 공동체도 서로가 존중하고 협력하며 균형을 이룰 때 평화롭게 될 것이다.

사람들은 공생이 서툴다고 한다. 이것은 우리가 사는 세상에 불인정과 불존중과 불협력이라는 것이 있기 때문이다. 그러나 산에 있는 나무나 오케스트라의 악기와 같이 서로를 인정하고 존중하며, 자기의 의무와 역할과 책임을 다하려는 윤리의식이 있다면 공생이 불가능한 것만은 아닐 것이다.

리더십

손자병법에 "남자는 자기를 인정하는 사람을 위해서 목숨을 버리고, 여자는 자기를 사랑하는 사람을 위해서 치장을 한다"는 말이 있다. 이것은 옛날 오나라의 한 병사가 전장에서 싸우다가 부상을 입었고, 이것이 화근이 되어 상처에서 고름이 나왔던 일에서 유래된 말이다.

부상을 입은 병사를 본 장군은 너는 참으로 용감하였다고 칭찬하면서, 입으로 상처의 고름을 다 빨아내었다. 이 병사는 상처가 치유된 후 잠시 휴가를 받고 고향에 갔으며, 어머니에게 자기가 겪은 일의 자초지종을 이야기 했다. 그랬더니 어머니는 슬피 울기 시작했다. 아들은 어머니가 참으로 자비로운 장군이시구나 하고 고마워하실 줄 알았는데 너무나도 뜻밖이었다. 그리하여 아들은 어머님! 왜 우십니까? 장군님이 나를 용감한 군인이라고 칭찬하고 인정해 주셔서 이렇게 어머님을 뵈올 수 있도록 휴가를 주신 것 아닙니까? 어머님 제가 자랑스럽지 않습니까? 하고 물었다.

그런데도 어머니는 계속 눈물을 흘리며, '지난날 너의 아버지도 적과 싸우다 부상을 입었고 장군님이 입으로 상처의 고름을 빨아주었다, 그 후 너의 아버지는 다시 전쟁터에 나가 그 장군을 위해서 전사하였다, 네 말을 들으니 너도 이제 목숨을 잃게 되었으니 어찌 이 어미가 슬프지 않겠느냐' 라고 하시는 것이었다.

결국 이 병사는 다시 전쟁터에 나가 그 장군을 위해서 목숨을 잃었다고 한다. 이것으로 인하여 '남자는 자기를 인정하는 사람을 위해 목숨을 버린다' 는 말이 손자병법에 실리게 되었으며, 윗사람이 아랫사람을 다스리는 리더십(leadership)의 표본이 되었다고 한다.

이 이야기 속에서 자기의 부하를 용감한 군인이라고 인정하고 상처의 고름을 입으로 빨아낸 그 장군의 훌륭한 지도력에 감동하였다. 그리고 지도자의 입장에서 부하를 인정한다는 것은 참으로 중요한 것이라는 것을 알았다. 왜냐하면 내가 상대방을 인정하면 상대방도 나를 인정하게 되기 때문이다. 인정이라는 것은 일방적인 것이 아니라 상대성이 있다.

이 이야기 속의 장군이 자기를 인정하는 것을 안 병사는 당연히 장군을 인정하고 존경했을 것이다. 사람이란 자기를 인정하는 분에게 호감이 가기마련이다. 그리고 자기를 알아주고 칭찬하고 격려하는 사람에게 친근미가 가고, 이로 인하여 더 잘하려는 의욕이 생기는 것도 사실이다.

우리는 남을 인정하는데 인색할 때가 있다. 그것은 남보다 나 자신이 먼저라고 생각하기 때문이다. 무슨 일이든지 자기가 먼저라는 이기적인 생각으로는 상대방을 인정할 수 없게 된다. 흔히 말하는 보스들은 부하를 인정하지 않고 복종만을 요구한다.

이에 반해 훌륭한 지도자는 부하를 인정하며 존경을 끌어낸다. 복종은 타의적이고 강제적이며 존경은 자의적이고 자발적이다. 나를 인정하고 있다고 생각되면 자의적이고 자발적인 존경이 생기며 무엇인가로 보답하려는 마음이 생긴다. 이런 마음이 생기게 하는 것이 지도자가 갖추어야 할 리더십이다. 이런 마음이 생기게 하는 리더십에는 지남철과 같은 힘이 있는 것이지 권위가 앞서는 것은 아니다. 권위란 절대적인 권력이나 계급으로 남을 복종시키는 힘을 말하며 강제적인 뉘앙스가 있다. 그럼으로 권위와 리더십은 구분되어야 한다.

우리는 권위를 앞세우고 강요하는 사람의 지도에는 수동적으로 되는 것을 경험할 때가 많다. 이 이야기에서 장군이 권위를 앞세웠다면 부하의 상처에서 고름을 빨아낼 수 없었을 것이며 존경을 끌어내지도 못했을 것이다. 장군님이 권위를 생각하지 않고 자기의 상처에서 고름을 빨아내는 것을 바라본 병사는 장군이 이렇게까지 자기를 인정하고 있다는 것을 알고, 얼마나 감격하고 그 장군을 존경했을 것인가를 짐작할 수가 있다. 그 병사는 장군을 위해서 목숨까지도 버리는 것을 주저하지 않았을 것이다.

진실로 리더십의 척도는 지위나 권위나 계급이 아니라 상대방을 인정하는 덕량(德量)에 있는 것 같다.

지도자

'타이타닉호의 최후' 라는 영화를 보고 크게 감동받은 적이 있다. 타이타닉호는 영국의 초대형 호화여객선이다. 이 배는 1912년 4월에 2,000여명의 승객을 태우고 영국에서 뉴욕을 향해 처녀항해를 했다. 승선한 사람은 대부분 상류사회의 귀족과 부호들이었다. 그 중에는 대부호 '칼' 과 원하지 않은 약혼을 한 '로즈' 도 있었고, 몰래 승선한 가난한 화가 '잭' 도 있었다. 어느 날 선미에서 우연히 만난 '로즈' 와 '잭' 은 서로 사랑을 하게 된다.

매일 축제 분위기 속에서 순항하던 타이타닉호는 어느날 갑작기 빙산과 마주치게 된다. 빙산을 피해 급히 선회하였지만, 워낙 큰 배라 선체 측면이 빙산과 충돌하고 침몰하게 된다. 순식간에 선내는 아수라장이 되었다. 타이타닉호는 크고 든든한 유람선이라 사고가 난다 해도 쉽게 침몰하지 않을 것이라고 여겨 구명보트도 충분히 준비하지 않았다.

선장은 급히 근처의 선박에 SOS구원을 요청하였다. 그러나 거리상

현장까지 도착하기에는 4시간이 걸린다는 것이다. 당황한 선장은 동승한 타이타닉호 설계자에게 몇 시간이나 견딜 수 있는지 묻는다. 설계자는 도면을 검토하더니 배는 2시간 후에 침몰한다고 답했다. 비장한 결심을 한 선장은 갑판장에게 부녀자와 노인을 먼저 구명보트에 태우라는 명령을 내린다.

타이타닉호의 슬프고도 감동적인 스토리는 여기에서부터 시작된다. 물이 들어오고 배가 기울어져 가는 상황에서 사람들은 구명보트를 먼저 타려고 아우성이다. 구명보트를 총지휘하는 갑판장을 돈으로 매수하려는 사람, 갑판장에게 아부하는 사람, 힘으로 밀어붙이는 사람도 있다. 그러나 갑판장은 선장의 명에 따라 부녀자와 노인을 먼저 보트에 타게 한다. 서로 살겠다고 아비규환인 이 혼란 속에서도 한 그룹의 음악가들은 '하늘 가는 밝은 길이 내 앞에 있으니' 라는 찬송가를 연주한다.

배는 점점 기울어져 가고 물은 선실 가득히 차오른다. 선장은 낙심한 표정으로 선장실에서 나오지 않는다. 선원이 "선장님 피해야 합니다"라고 재촉해도 꼼짝도 하지 않는다. 이 배를 설계한 기술자도 선실에서 고개를 숙이고 나오지 않는다.

결국 타이타닉호는 바다에 침몰하였고, 바다에 빠진 '잭' 과 '로즈' 는 가까스로 선체의 파편을 손에 잡았다. 그러나 판자가 작아 둘이 타면 뒤집히곤 하였다. 이에 '잭' 은 찬 바다 속으로 들어가 판자를 받치고, 사랑하는 '로즈' 에게 "너는 꼭 살아서 돌아가야 해, 그리고 결혼도 하고 아이도 낳고 행복하게 살아야 한다"라고 말한다. 곧 '잭'은 차가운 물속에서 시체로 변했다.

침몰해 가는 타이타닉호에서 일어나는 일들이 마치 우리가 사는 세상을 비유한 것 같아 느낀 바가 많았다. 우리는 살아가는데 지도자가 필요하고, 분야별로 전문가도 필요하다. 지도자나 전문가란 위급한 일을 당했을 때 그 상황에 대처하는 마음가짐이 중요하다고 생각하였다. 타이타닉호의 항해를 책임지고 있는 선장이나 갑판장, 배를 설계한 기술자는 자기들의 잘못으로 배가 침몰하게 되고 많은 희생자를 내게 된 것에 대한 책임을 통감하였다.

갑판장은 선장의 명령에 따라 한 사람이라도 더 살리려고 애를 썼으나 많은 사람을 구할 수 없는 것을 안타까워하고 자살한다. 선장은 "내가 좀 더 선원들을 철저히 감독했더라면 빙산에 충돌하지 않았을 것인데, 구명보트를 충분히 준비했더라면 더 많은 사람들을 살릴 수 있었을 것인데"하고, 모든 책임을 자신의 탓이라고 여기며 배와 운명을 같이 한다. 설계자 역시 빙산에 충돌해도 침몰하지 않는 배를 설계하지 못한 것에 책임을 느끼고 탈출할 수 있는 기회를 포기한다. 이 멋진 장면에서 크게 감동했으며 눈물까지 흘렸다. 그런데 우리가 사는 세상에는 자기의 책임을 회피하는 사이비 지도자들이 얼마나 많은가? 잘한 것은 나 때문이고 잘못한 것은 너 때문이라고 변명하는 지도자 말이다. 사이비 지도자들은 이렇게 변명할 것이다. '선장이 잘못한 것이 무엇인가? 배를 운전하는 조타수가 잘못해서 빙산에 충돌한 것이지 내가 잘못했나? 나는 살아남아 뒤처리를 해야지, 내가 왜 침몰하는 배 속에서 죽어야 해? 타이타닉호와 같은 거대한 배의 선장이 되기 위해 수십 년간 바다에서 얼마나 고생을 많이 했다고'.

또한 배를 설계한 사람은 '내가 잘못한 것이 무엇인가? 배가 빙산과 충돌해서 침몰한 것이지, 그것이 어찌 내 책임이란 말인가?' 라고 말할 것이다. 그리고 갑판장은 '다음에 선장이 될 차례인데 왜 내가 죽어야 하나? 적당히 선장의 명령을 수행하고 눈치껏 일을 하면 되지, 꼭 부녀자를 먼저 태워야 하나? 돈 주는 사람을 먼저 태우고 자기도 빨리 구명보트에 타면 행복해질 것인데' 라고 말할 것이다.

우리는 정치, 경제, 교육, 사회, 종교 등 각 분야마다 훌륭한 지도자를 원한다. 훌륭한 지도자의 기준에는 여러 가지 조건이 있을 것이고, 지도자는 그 척도에 의해서 결정될 것이다. 그러나 나는 어느 경우건 훌륭한 지도자란 무엇보다도 자기 일에 책임을 질 수 있는 사람이어야 한다고 생각한다. 이런 저런 이유로 책임을 남의 탓으로 돌리고 자기는 살아남으려는 이기적인 사람이 지도자가 되어서는 안 된다고 생각한다. 그리고 지도자란 침몰해 가는 선상에서 서로 살겠다고 아우성치는 혼란 속에서도 찬송가를 연주하며 죽음을 두려워하지 않은 음악가들처럼 극한의 상황에서도 침착하고 초연하게 대처할 수 있는 용기가 있어야 한다. 이에 더해 사랑하는 애인 '로즈' 를 살리려고 판자를 떠받치고 자기는 차가운 물속에서 얼어 죽어간 '잭' 과 같은 희생적인 사랑의 소유자이어야 할 것이다.

인생역전

우리나라에 프로야구가 도입되기 전까지는 전국고등학교 야구대회가 가장 인기 있는 운동경기였다. 1972년 제26회 황금사자기 전국고교야구대회 결승전 9회 2사까지 부산고는 4 대 1로 군산상고에 앞서 있었다. 누구나 부산고가 곧 우승하리라 생각했었다. 그러나 9회말 2사 후에 안타가 이어져 결국에는 군산상고가 5 대 4로 부산고를 물리치고 역전(逆轉) 우승했다. 이때부터 역전의 명수라는 말이 유행했었다.

그러나 역전이란 어찌 야구에서 뿐이겠는가? 모든 운동경기마다 역전우승을 할 수 있다. 운동뿐만 아니라 인생이라는 경주에서도 역전했다는 말을 들을 때가 있다.

오랜만에 몇몇 동창들과 같이 우리에게 수학을 가르치셨던 중학교 은사이신 H대학교 K총장님을 찾아뵙고 인사를 드렸다. 그 때 은사님이 말씀하시는 지난 날 걸어오신 외롭고도 쓸쓸한 이야기를 듣고 얼마나 놀라고 감격했는지 모른다. 왜냐하면 은사님은 외모도 반듯하고 말씀도 품위가 있어 부유한 가정에서 태어나 명문대학을 졸업한 걸로 알고 있었기 때문이다.

그러나 말씀을 듣고 보니 은사님은 소학교 때는 전교에서 수석을 할 정도로 공부를 잘하였지만, 집안이 가난하여 중학교에 진학할 수가 없었다. 중학교에 진학한 친구가 너무나 부러워 혼자 골방에 들어가 운 적이 한두 번이 아니었다고 했다. 무엇보다도 그 친구가 자기를 멸시하고 조롱하는 것이 너무나 분하고 마음이 아팠다고 하였다.

이럴 때마다 내 스스로 삶을 개척하여 떳떳한 사람이 되어야 한다고 결심하고, 어렵사리 검정고시 강의록을 구입하고 독학했다고 한다. 가난하여 끼니를 거를 때 일수록 눈물을 참으며 더 열심히 공부했다고 한다. 이런 형설의 공이 있어 초등학교 교사 임용고시에 합격하였고, 계속해서 공부하여 중학교 수학교사 임용고시에도 합격하였다고 한다. 알고 보니 이렇게 해서 우리에게 수학을 가르쳤던 것이다.

그러나 학벌이라는 배경이 없어 늘 허전하고 한이 되어 늦게나마 서울대학교 공과대학 전기공학과에 입학했다고 하였다. 나이가 많아 창피한 생각에 항상 강의실 뒷자리에 앉았는데, 어느 날 강의실에 들어온 교수님은 중학교에서 같은 교사로 있던 분이었다고 한다. 그 분은 일본 경도제국대학을 졸업하였지만 선생으로서의 경력은 내가 선배이고 호봉도 높았는데 이제는 그 분은 교수이고 나는 학생이니 부끄러워 얼굴을 들기가 어려웠다고 하였다.

그 뿐만 아니라 어느 날 철학 강의시간에 선생님 웬 일이십니까 하고 인사하기에 뒤를 돌아보니 소학교 때 가르쳤던 제자여서, 얼마나 쑥스럽고 당황했는지 얼굴 보기가 민망했다고 한다. 그러나 배우는데 체면이 문제이고 나이가 문제가 될 것인가 하고 굳게 마음먹고 대학을 마쳤다고 했다.

그 후 대학원을 졸업하고 M대학교 교수가 되어 강의 준비에 열중하고 있을 때 교수실 문을 노크하는 소리와 동시에 자기를 그렇게도 무시하던 소학교 친구가 피곤한 모습으로 찾아 왔다고 한다. 그간 그 친구도 무언가 일을 하고 있는 줄만 알았는데 그 거만하고 당당하던 모습은 전혀 찾아볼 수 없었고 염치없이 도움을 청하더라고 했다.

은사님은 순간적으로나마 인생역전(人生逆轉)이란 이런 것을 두고 하는 말이구나 하는 생각이 들었다고 한다. 오랜만에 이런저런 이야기를 나누다 빈손으로 보냈다고 했다. 그러나 그냥 돌려보낸 것이 마음이 아파 곧 뒤따라 나갔으나 그 친구는 보이지 않았다고 했다. 그리하여 그가 다시 찾아오면 위로도 하고 마음껏 도와주어야겠다고 생각했는데, 3년이 지난 후에 날아 온 것은 죽었다는 부고장이었다고 했다. 은사님은 사람은 덕이 있어야 하는데 하시며, 그 친구를 도와주지 못한 것을 지금도 후회한다고 말씀하셨다.

지난 날 가난으로 인하여 겪었던 외롭고 쓸쓸했던 이야기를 하시는 90이 넘으신 은사님의 눈에는 이슬이 맺혀 있었다. 가시밭길 인생길을 걸어오며 낙심하지 않고 당신이 겪었던 배움에 대한 한을 실현하려고 고령에도 불구하고 대학생이 되었다는 말에 가슴이 뭉클해졌다. 그리고 모든 자존심을 내려놓고 과거 동료 선생으로부터 배우고, 자기 제자와 같이 공부했다는 말에 얼마나 은사님이 자랑스럽고 존경스러운지 눈시울이 뜨거워졌다.

은사님과 헤어지면서 인생역전이라는 단어를 몇 번이고 되뇌어 보았다. 그리고 사람이 넘지 못할 태산과 역경은 없다는 것은 틀린 말이 아니라는 것을 재삼 확인할 수가 있었다. 무엇보다도 어떠한 어려움 속에서도 기사회생(起死回生)하려는 끈질긴 집념을 버려서는 안 된다고 생각하였다.

정과 피

오래 전에 망막염으로 왼쪽 눈의 시력이 나빠졌다. 책을 보고 교안을 작성하고 연구하는 일을 하는 내가 한쪽 눈의 기능을 잃었다는 것은 보통일이 아니다.

물론 병원을 찾아다니며 치료했지만 별로 효과를 보지 못했으며 안정을 기하는 것이 최선이라고 하였다. 그러면 시력의 완전 회복은 아니더라도 어느 정도 회복이 된다고 하였다. 그러나 끝내 시력은 0.2밖에 되지 않아 글을 읽을 수가 없었으며 너무나 실망스러웠다. 오른쪽 눈만으로 책을 보는 연습을 거듭한 끝에 초점을 맞추기 어려웠던 처음의 불편을 극복할 수가 있었다. 그러나 양쪽 눈을 사용할 때에 비해서 불편한 것은 말할 나위가 없었다.

세월이 흐름에 따라 부모님도 형제들도 내 눈에 대한 것은 더 이상 묻지를 않았다. 그런대로 생활을 하고 있었기에 안심이 되었기 때문일 것이다. 그러나 나 자신은 항상 눈이 불편한 것이 마음에 걸렸고 만일 망막염이 오른쪽으로 옮겨진다면 어쩌나 하는 불안감이 늘 따라다녔다.

그런데 주일에 교회에서 예배가 끝나고 나올 때마다 당시의 담임이셨던 K목사님은 어김없이 요사이 눈은 좀 어떠냐고 물으셨다. 이 정(情)이 넘치는 말을 들을 때마다 가슴이 찡하였다. 아무도 나의 고민을 모르는데, K목사님만은 나의 아픈 마음을 잊지 않으시고 위로하여 주시는 것이 너무나도 고마웠다.

이와 반대로 이런 일도 있었다. K목사님이 정년퇴임하시고 새로 S목사님이 부임하셨다. 외모도 말쑥하고 말씀도 잘하셨다. 어버이날에는 70세 이상의 부모님들을 앞 단상에 나오도록 하고 전 교인이 어버이 노래를 불러 위로하였다. 삼일절에는 독립선언문을 낭독하고 전 교인이 만세삼창을 하기도 하였다. 부모님을 공경하고 나라를 사랑하는 마음을 일으키게 하는 것이 너무나 마음에 들었다.

그러나 그런 행사는 처음과는 달리 점차 진정성이 식어가는 느낌이 들었다. 어느 때인가 사무장이 나에게 전화로 다음 주일 예배가 끝난 후 삼일절 기념으로 만세삼창을 선창하라는 것이다. 공교롭게도 그날은 친구 아들의 결혼주례를 약속한 날이라 시간상 어렵다고 사양을 하였다. 그런데 다음날 사무장으로부터 또 전화가 왔다. 목사님께서 필히 당신이 만세 선창을 해야 한다고 하니 승낙해달라는 것이다. 난처하였지만 더 이상 거절할 수가 없었다.

그날 따라 이런저런 행사로 시간이 길어졌으며 결혼식 주례에 늦어지는 것이 아닌 지 여간 마음이 초조해지는 것이 아니었다. 그런데 예년과는 달리 독립선언문 낭독도 없었고 만세삼창도 하지 않았다. 그리하여 예배를 마치고 나오는 S목사님에게 '저는 만세삼창을 준비하고 있었습니다' 라고 말씀드렸더니 뒤에 따라오던 사무장에게 왜 그 순서를 말하지 않았냐고 책망하는 것이었다. 당황하지 않고 순간적으로 재치있게 변명하는 S목사님은 참으로 꾀가 많은 분이구나 하는 생각이 들었다.

이 일이 있은 후, 정은 무엇이고 꾀는 무엇인가에 대해서 심사숙고하였으며 나름대로의 살아가는 방법을 확립하려고 했다. 무엇보다도 남을 염려하고 헤아리는 정이란 영원한 것이고 일을 그럴듯하게 꾸미는 교묘한 생각이나 수단인 꾀는 일시적인 것이라는 생각이 들었다. 왜냐하면 정으로 인한 따뜻한 마음은 지금도 아주 가까이 남아있지만 꾀로 인한 마음의 상처는 저만치 아주 멀리 있기 때문이다.

대체로 정이 있는 사람은 남의 짐을 질줄 알지만 꾀가 많은 사람은 남의 짐을 지려고 하지 않는다. 오히려 남을 잘 이용하고 일단 이용했으면 그 다음에는 모른 척한다. 또한 꾀가 많은 사람은 자기의 일을 성사시키기 위해 교묘한 계획이나 생각을 하고 보통 사람이 생각할 수 없는 수단을 동원한다.

정이 많은 사람은 남의 일에 솔선해서 동참하지만 꾀가 많은 사람은 남의 일에 자기가 앞서기보다 남을 앞세우고, 일이 잘되었을 때는 자기의 공으로 일이 잘못되었을 때는 남의 탓으로 돌린다. 이런 사람은 어려운 일은 되도록 피하고 책임은 지지 않으려고 한다.

이렇게 정과 꾀에 대한 것을 따지다보니 나는 너무나 꾀가 없는 사람이라는 것을 스스로 인정하게 된다. 세상 살아가는 요령도 없고 지혜도 없어 나 자신이 생각해도 바보스러울 때가 많기 때문이다. 정성을 다해 도와주었는데, 지나고 보면 그 사람의 꾀에 넘어가 이용을 당한 것 같아, 기분이 상할 때가 얼마나 많은지 모른다.

그러나 절대로 후회하지 않으려고 한다. 내가 행한 정으로 인하여 상대가 잘되었다면 그것으로 만족하고, 설사 내가 이용당했다 해도 마음 아프게 생각하지 않기로 했다.

다시 말해 처음부터 상대방을 위해 염려하고 헤아렸던 정을 소중히 여기고, 그 후의 일은 생각하지 않기로 한 것이다.

바보 취급을 받고 이용을 당할망정 정이 많은 사람이 되고 싶지, 꾀가 많은 사람이 되고 싶지는 않다.

질그릇 같은 인생

흙을 물로 빚어 불에 굽는 온도에 따라 토기, 석기 및 자기로 나뉜다. 토기란 대개 1,000℃ 이하에서, 석기는 1,000~1,400℃, 그리고 자기는 1,400℃ 이상에서 구어 만든 것이다.

질그릇이란 토기에 속한 것으로 일반적으로 800℃ 안팎에서 구워서 만든다. 우리가 흔히 볼 수 있는 장독대에 있는 옹기가 대표적인 질그릇이다. 대체적으로 질그릇은 모양이 투박하고 볼품이 없는 그릇이다. 그러기에 질그릇은 잘난 것 못난 것이 없이 그게 그것이다. 그리고 질그릇은 작은 충격에도 쉽게 깨지고 부서지면 흙으로 돌아간다.

그러나 쓸모가 없고 나쁘다는 의미는 아니다. 석기나 자기에 속하는 것보다 예쁘지 않고 잘 깨진다는 것이지 질그릇 나름대로의 쓸모가 있다. 왜냐하면 질그릇은 무엇인가를 담는 데 사용될 수 있기 때문이다. 예로서 질그릇의 일종인 옹기는 우리나라 전통음식인 발효식품을 담그는 데 쓰이고 있다. 그러므로 질그릇이란 외관상의 모양보다는 그 안에 무엇을 담그느냐, 그리고 무엇이 담겨져 있느냐에 따라 그 가치가 결정된다고 볼 수 있다.

우리 인생을 질그릇에 비유할 때가 많다. 부한 사람이나 가난한 사람이나, 귀한 사람이나 천한 사람이나 할 것 없이 깨지기 쉬운 몸과 마음을 가지고 있기 때문이다.

전도가 양양한 젊은이가 뜻을 이루기 전에 병으로 사라지는 경우도 있고, 대성하리라고 기대했던 사람이 사고로 허무하게 죽었다는 이야기도 있다.

진실로 우리의 결심도, 우리의 계획도, 우리의 건강도, 우리의 행복과 성공도 쉽게 깨어지는 것을 자주 보게 된다. 그러기에 인생은 질그릇과 같다는 것은 그럴듯한 말이다.

그렇다고 체념적으로 살다가 흙으로 돌아가라는 뜻은 아니다. 왜냐하면 옹기라는 질그릇은 생명이 없지만 인생이라는 질그릇은 생명이 있기 때문이다. 생명이 있기에 우리의 마음가짐에 따라 그 안에 합당한 무엇인가를 담글 수 있다. 그러므로 질그릇 같은 인생의 가치도 외모보다도 그 안에 무엇이 담겨져 있는가에 의해서 결정될 것이다.

생명이 없는 흙으로 된 질그릇에 담그는 것은 보이는 물질이지만, 생명이 있는 인생이라는 질그릇에 담그는 것은 보이지 않는 물질이다. 보이지 않는 물질이란 땀과 눈물과 사랑으로 이루어진 공적(功績)을 말한다.

흙으로 되어있는 질그릇의 가치는 그 안에 들어 있는 보이는 물질에 의해서 정해지나, 생명이 있는 질그릇의 가치는 그 안에 들어있는 보이지 않는 물질, 즉 공적의 척도에 의해서 정해진다.

그리고 흙으로 된 질그릇은 깨어지면 그 안에 담겨져 있던 물질은 못쓰게 되거나 도둑맞을 염려가 있다. 그러나 인생이라는 질그릇은 깨어져 흙으로 돌아갈망정 그 안에 담겨졌던 공적은 사라지거나 도둑맞을 염려 없이 오래 남기 마련이다. 이런 견지에서 볼 때 보이지 않는 물질, 즉 공적은 영적인 자산이라고 말할 수 있다.

우리가 지금도 이순신 장군을 존경하고 추모하는 것은 왜적과 싸운 그 분의 육체가 아니라 나라와 백성을 사랑했던 그 육체 안에 담겨진 영적 자산인 충성심 때문이다.

노벨상을 받은 분들을 우리가 존경하는 것은 그 분들의 육체가 아니라 인류사회의 평화와 번영을 위해 그 분들이 남긴 영적 자산인 위대한 공적 때문이다.

서서평(본명 엘리제 셰핑)선교사의 이야기를 듣고 크게 감동하였다. 1912년 32살의 나이로 찢어지게 가난한 조선에 온 그녀는 22년간 조선에서 보리밥에 된장국을 먹고 고무신을 신고 다니며, 평생 가난한 여성과 병든 이웃과 일반사람이 혐오하는 나환자들을 돌봤다고 한다.

조선 사람의 친구로서가 아니라 조선 사람으로 살았던 그녀는 만성 풍토병과 과로, 영양실조로 결국 54세로 생을 마쳤다. 그녀가 남긴 유품은 담요 반장, 동전 7전, 강냉이 가루 2홉뿐이었다고 하며, 시신도 유언에 따라 의학연구용으로 기증했다고 한다.

서서평! 가난하고 외로웠던 질그릇 같은 그의 육체는 흙으로 돌아갔지만 그녀가 남긴 공적은 100년이 지난 지금도 지워지지 않고 우리의 심금을 울리고 있다.

질그릇 같은 인생은 어차피 흙으로 돌아가야 한다. 진실로 질그릇 같은 인생의 가치는 외모가 좋다던가, 돈이 많다던가, 제주가 있다던가, 지위가 높다던가, 권력이 있다던 가에 있는 것이 아니라, 그 안에 담겨져 있는 우리를 감동케 하는 공적에 의해서 평가된다고 볼 수 있다.

내 삶의 가을

봄에는 나무 가지에 연두색의 새순이 나고, 여름에는 나뭇잎이 짙푸른 초록색으로 되어 푸름을 자랑한다. 그러나 계절이 가을에 들어서면서 왕성했던 삶의 활동은 주춤하고 나뭇잎은 서서히 단풍든다. 단풍든다는 것은 삶과의 고별을 알리는 것이 아닌가. 결국 단풍든 잎은 아무것도 지닌 것 없이 땅에 떨어진다. 방향감각도 없이 뒹굴고 바람에 휘날리는 나뭇잎은 보기에도 쓸쓸하다. 그러나 이것은 자연의 법칙이요, 사람도 이 법칙에서 벗어날 수는 없다. 물론 나도 이 순리에 따라 삶의 가을을 맞이해야 한다.

철부지 어린 시절은 즐겁기만 하였다. 삶이 무엇인지도 몰랐고 살아가는 이치도 몰랐다. 철이 들어 내 모습을 바로 보았을 때는 인생의 경주에서 저만큼 뒤쳐져 있었다. 세상살이에 서툴렀던 나는 넘어지기 일쑤였다. 어느 날 나무 밑에서 한심한 내 자신을 탓하고 있을 때 푸른 나뭇잎이 눈에 와 닿았다. 저 푸른 나뭇잎은 더위와 비바람에 견디고 자라고 있는 것이 아닌가? 앞으로 나도 푸르게 살려면 저 나뭇잎과 같이 삶의 고통과 역경을 이겨내야 한다고 생각했다.

그리하여 살아가면서 땀과 눈물을 흘리는 것을 부끄러워하지 않았다. 내 모습이 초라하였기에 누구에게 잘 보일 것도 없었고, 누구보다 잘난 것도 없었다. 오직 저 당당한 푸른 나뭇잎과 같이 떳떳한 삶을 이루고 싶은 집념뿐이었다. 앞서가는 사람을 따라가려고 한눈팔지 않았고 남 못지않게 노력을 했다. 때로는 분노와 좌절이 있었고, 수모와 경멸과 질시가 있었지만 이것은 나를 튼튼하게 하는 촉진제로 생각하고 참고 잘 견디었다. 어둠속에서도 빛을 찾으려고 애쓰는 것을 멈추지 않았다. 무에서 유를 창조하려는 끈기를 버리지 않았다.

그러나 남보다 두드러지려고 한 것은 아니다. 다만 내가 해야 할 일에 온 정성을 다해 후회와 미련을 남기지 않으려고 했을 뿐이다. 하늘은 스스로 돕는 자를 돕는다는 말과 같이 땀 흘린 만큼 열매를 맺을 수 있었다. 불가능하다고 생각했던 일들도 이룰 수 있었고, 더 나아가 남이 꺼리고 싫어하는 일도 의욕적으로 했다.

이렇게 앞만 보고 달려가던 나에게도 세월이라는 신호로 제동이 걸린 것이다. 마치 계절이 변함에 따라 푸르던 나뭇잎이 단풍드는 것과 같이 말이다. 좀 더 아름다운 열매를 맺고 싶었고 더 감동을 주는 사람이 되고 싶었는데 하는 아쉬움이 있다. 더 열심히 일했어야 했는데 후회도 된다. 그러나 언제까지 고운 꿈만 꾸며 살 수는 없지 않은가? 무한정 삶의 노래를 부를 수는 없는 것 아니겠는가? 왜냐하면 자연의 계절은 가을이 가면 겨울, 봄, 여름을 거쳐 다시 가을이 오지만 사람의 계절에는 가을이 가면 영원한 휴식만이 있기 때문이다.

나의 눈물과 기쁨이 뒤엉키던 푸르던 시절은 지나가고 있다.

내가 이룩한 열매는 낙심될 때마다 용기와 지혜를 주신 하나님의 은혜였음을 솔직히 고백한다. 내 등에 가난의 짐, 고독의 짐, 학벌의 짐이 없었다면 바로 살 수 없었을 것이다. 지금 생각하니 이와 같은 짐들이 나를 겸손하게 살게 한 귀한 선물이었다.

머지않아 나도 낙엽과 같이 흙으로 돌아가야 한다. 이제는 지난날의 자랑은 허공에 날려 보내고, 더 낮아지고 더 겸손하게 되어야 한다. 지난날의 고집은 버리고 더 온유하게 되어야 한다. 그간 바쁘다는 핑계로 가족과 같이 소풍한번 같이 가지 못한 것이 너무나 마음 아프다. 내 일에 늘 억매여 자식들과 다정한 시간을 갖지 못한 것도 너무나 미안하다.

다만 나의 지도에 따라준 성실하고 근면하던 제자들에게 고맙다는 말을 전하고 싶다. 그리고 나를 격려하고 깨우쳐 주신 모든 분들에게 진심으로 감사하다고 말해야 한다. 무엇보다도 살아가면서 나도 모르게 저지른 지난날의 잘못을 사죄하고, 나로 인해 상처를 입은 사람에게 진심으로 죄송하다고 말해야 한다. 항상 나 위주로 사느라 이웃을 배려하지 못했던 것도 사죄하고, 아직도 받은 은혜를 갚지 못한 분들에게 용서를 구해야 한다. 그뿐 만아니라 나를 미워하고 나의 가슴에 돌을 던진 사람을 위해서도 기도해야 한다. 그리하여 내 삶의 가을에는 나뭇잎이 다 떨어진 가을나무와 같이 마음을 완전히 비우고 아름다웠던 뒷모습만을 남기고 싶다.

5 그리움

지금도 나를 재촉하시는 어머님

어머님은 키도 크시고 날씬하셨으며 피부가 희어서 화장을 하지 않아도 예쁘셨다. 말씀은 적은 편이었지만 남에게 폐를 끼치거나 남의 일에 간섭하는 일도 없으셨다. 그러나 인정은 많으셔서 베풀기를 잘 하였다.

내가 어릴 때에는 거지들이 많았다. 아침저녁으로 밥을 구걸하러 오는 사람들을 어머님은 절대로 박대하지 않으셨다. 어머님은 그들이 불쌍하다고 밥상을 차려 대접하곤 하였다. 그뿐만 아니라 스님들에게 시주할 때도 쌀을 넉넉히 드리곤 하였다. 아무것도 모르는 어린 나는 이런 자비스런 모습을 보고 어머님은 참으로 어진 분이구나 하는 생각을 하였다.

그러나 실상 우리 집은 그리 넉넉하지 않았다. 가족은 대가족으로 할아버지 할머니와 부모님 그리고 우리 5형제와 머슴까지 합하면 10명이었으며, 이 많은 가족의 생활을 어머님 혼자서 담당하셨던 것이다.

어느 날 아버지로부터 외할아버지는 부자였다는 말을 들었다. 그것도 보통 부자가 아니라 만석꾼이라고 하였다. 이야기를 듣고 보니 어머님은 만석꾼의 맏딸이었던 것이다. 어쩐지 외모가 부티가 나고 마음씀씀이가 궁색하지 않았다.

이런 부잣집의 맏딸이 어떻게 가난한 우리 집으로 시집오셨는지 의아스러운 생각이 들었다. 그러나 어머님은 집안이 궁색한 것을 불평하기는커녕 할아버지, 할머니를 지극히 공경하였고 아버지에게는 절대 복종하셨으며, 우리 5형제를 행여 다칠세라 곱게 길러 주셨다.

어머님은 농사철에는 많은 일꾼들의 식사 준비로 바쁘셨다. 일꾼들이 많을 때는 20여명의 식사준비를 혼자서 해야만 했다. 어머님의 적삼은 늘 땀으로 흠뻑 젖어 있었다. 식사 후에 설거지도 보통 일이 아니었다.

말 없이 이런 힘겨운 일을 하며 때때로 병약하신 아버지 약을 달이는 어머님은 너무나도 마음이 무거워 보였다. 결국 아버지는 먼저 돌아가셔 어머님의 외로움은 이루 말할 수 없었지만 결코 내색을 하지 않으셨다. 그러나 어머님은 아버지를 대신하여 우리를 가르쳤다.

양반 집안이라는 체통을 지키려면 말과 행동이 신중해야 한다, 거친 말과 행동을 해서는 안된다고 말씀하셨다. 이로 인해 지금도 나는 저속한 말이나 행동을 할 줄 모른다. 그리고 늘 깨끗하고 반듯하게 옷을 입어야 한다고 하셨다. 그러기에 어머님은 수시로 그 많은 세탁물을 머리에 이고 집에서 고개 하나를 넘어야 하는 먼 거리에 있는 시냇물까지 가서 빨래를 하셨다.

어느 때인가 어머님이 세탁하는 시냇가에 몰래 가 보았다. 어머님은 세탁을 하면서 울고 계셨다. 연신 빨래를 물에 헹구면서 한 손으로는 눈물을 닦고 계셨다. 평상시에는 절대로 눈물을 보이거나 힘드신 모습을 보이지 않으시는 어머님이었는데 말이다. 내가 어머님 하고 부르니까 아이고 깜짝이야 하면서 아무 일이 없었던 것처럼 태연한 모습을 보이시며 무엇 하러 왔느냐고 하셨다.

어느 겨울밤에 공부하는 우리에게 고구마를 쪄 와서 먹으라고 하셨다. 그리고 거칠어진 손으로 구멍이 난 내 양말을 기우며, 형제간에 우애 있게 지내야 한다, 웃어른에게는 예의를 지킬 줄 알아야 한다, 착한 사람이 되어라, 덕있는 사람이 되어라, 남에게 신세를 지지 말라, 조금이라도 다른 사람에게 도움이 되는 사람이 되어야 한다, 고 말씀하시는 어머님의 눈에는 이슬이 맺혀 있었다. 자식들이 잘되기만을 바라셨던 어머님의 마음은 잔잔한 호수와 같았지만 언제 몹쓸 바람이 불지 걱정이 되었기 때문일 것이다.

직장을 서울로 옮긴 후 일이 있어 고향에 간 적이 있다. 어머님은 나더러 서울에서 고생한다며 비상금으로 가지고 있던 3만원을 속옷 주머니에서 꺼내어 손에 쥐여주셨다. 그러면서 씩씩하게 살아야 한다고 말씀하셨다. 어머님의 인자하신 얼굴에는 고생하는 나를 측은하게 여기는 연민의 정이 역력하였다. 내 손에 쥐여준 돈은 아직도 어머님의 체온으로 따뜻하였다. 자식 노릇도 못하던 나는 울먹이며 '어머님 걱정 마세요, 앞으로 잘 될 것입니다' 하고 돈을 도로 드렸지만 어머님은 받지 않으셨다.

생활이 안정이 되면 무엇보다도 먼저 어머님에게 화장품을 사드리고 싶었다. 나를 기르시고 가르치시느라 화장 한 번 못하시던 어머님이 화장을 하신다면 10년은 더 젊어 보일 것이라고 생각하였다. 시집오실 때 가지고 온 유행에 뒤진 옷만 입으시던 어머님에게 멋진 비단옷을 사드리고 싶었다. 그리고 한 번도 나들이를 못한 어머님께 팔도강산 유람을 하여 좋은 구경도 시켜드리고 싶었던 것이다.

그러나 내 발등에 떨어진 불을 끄기에 바빠 차일피일 하다가 뜻한 것 하나도 이루지 못하고 어머님은 저 세상으로 떠나가셨다. 참으로 불효막심한 놈이다. 금년이 어머님 돌아가신 지 만 26년이 되는 해이다.

기쁨보다도 근심이 많으셨던 어머님! 가난 속에서도 선하게 살려고 애쓰시던 어머님! 자나 깨나 자식들이 잘되기만을 바라셨던 어머님! 나에게 씩씩하게 살라고 하시며 속옷 주머니에 간직했던 3만원을 내 손에 쥐여주시던 어머님! 이제 불러도 대답이 없으시지만 세월이 갈수록 어머님은 더욱 뚜렷하게 마음 속에 살아 계시어 나를 재촉하신다.

그 곳에서 살고 싶다

나의 고향은 대전시 동쪽 변두리에 있는 샘골이다. 사면이 낮은 산으로 둘러싸인 곳에 40여 채의 초가집이 마을을 이루고 그 마을 앞에 논과 밭이 있었다. 어릴 때만 해도 마을에 들어서는 길은 산과 산이 이어지는 사이에 있었으며 저녁만 되면 적막하여 다니는 사람이 없었다. 행정구역상 대전시에 속했지만 자동차 길도 없었으며 전기도 중학교 1학년 때에야 들어온 아주 한적한 빈촌이었다.

봄이 되면 강남 갔던 제비들이 찾아와 집집마다 처마에 집을 짓고 새끼를 낳았으며 모이를 구하려 마을 하늘을 높게 때로는 낮게 날아다녔다.

비 오는 날에는 빨랫줄에 앉아 하늘을 보고 무어라 중얼거렸다. 비 때문에 곤충을 잡을 수 없어 내 새끼 굶어 죽겠다고 호소하는 것 같기도 하였다.

집집마다 울타리에는 개나리꽃, 뜰에는 진달래꽃과 매화꽃이 만발하여 초가집들을 꿈속나라의 궁전으로 탈바꿈시켰다. 초여름에는 산기슭에 있는 아카시아꽃의 향기가 온 동네에 진동했으며 여름철에는 미루나무에서 매미 우는 소리가 나른한 여름 낮잠을 깨우기도 하였다.

가을에는 집집마다 지붕에 빨간 고추가 널려 있고, 헛간 지붕에는 큰 수박만한 하얀 박들이 얌전하게 앉아 있었다. 그리고 감나무마다 빨간 감이 파란 하늘 아래 매달려 있는 풍경은 동화에 나오는 요술쟁이 마을을 연상케 하였다. 겨울에는 초가지붕마다 흰 눈이 수북히 쌓이고 처마 끝에는 고드름이 매달려 있는 모습이 너무나도 신기하고 아름다웠다.

아무것도 모르는 철부지였던 나는 일에 지친 어른들은 안중에도 없었고 친구들과 마냥 즐겁기만 하였다. 봄이면 동네 논두렁에 있는 버드나무 가지를 잘라 버들피리를 만들어 불며 동네를 누볐다. 여름에는 집에서 500m쯤 떨어진 곳에 있는 시냇물에서 수영을 즐겼다.

가을에는 뒷동산 잔디밭에서 친구들과 병정놀이도 하고 때로는 씨름도 하며 해가 지는 것도 모르고 놀다가 할머니가 부르는 소리를 듣고서야 집에 가곤 하였다. 겨울에 눈이 오는 날이면 눈사람을 만들거나 편을 갈라 눈싸움을 하며 놀았다. 정월 대보름날이면 쥐불놀이를 하다가 옷을 태우기도 하였다.

마을 중심에 작은 돌다리가 하나 있었다. 여름철 초저녁에는 이곳에 어른들이 모여 옛날이야기를 하는 것을 재미있게 들었다. 도깨비 이야기를 할 때는 무서워서 혼자 집에 가지 못한 적도 있었다. 수확이 끝난 후에 어른들이 논의 웅덩이에 고여 있는 물을 퍼내고 붕어, 미꾸라지를 잡는 것이 너무나도 신기하였다. 그리 크지도 않은 웅덩이에 물고기들이 어떻게 그렇게 많이 모여 살았는지 의아스러웠다.

어느 해인가 가을벼가 누렇게 익어갈 때 새를 쫓으려고 논에 갔다. 그 당시는 왜 그리 참새들이 많았는지 모른다. 곳곳에 허수아비를 세워놓았지만 별로 효과가 없었다. 논두렁에서 새를 쫓는다는 것이 영어 단어 · 숙어 책에 빠져 새떼가 기습해 온 것을 몰랐다. 이 때 할머니가 새를 쫓으며 '애야 집에 가서 공부하라' 하고 말씀하시던 인자한 목소리가 지금도 귀에서 떠나지 않는다.

우리 집 식구들은 화목하였다. 여름철에는 마당에 멍석을 깔고 모깃불을 지피고 가족 모두가 둘러앉아 그 날의 수고를 나누는 시간이 그렇게도 좋았다.

뒤뜰에는 개똥벌레가 불을 밝혀 왔다 갔다 하고 하늘의 별들은 속삭이며 나에게 달려오는 듯하였다.

밤하늘의 별들을 바라보며 나도 저 별들과 같이 빛나는 사람이 되어 고생하시는 할아버지, 할머니, 아버지, 어머니를 기쁘게 해드리고 편하게 모셔야겠다고 생각을 했었다.

고향은 가난한 마을이었지만 친절하고 순박한 사람들이 모여 살았다. 슬픈 일이나 즐거운 일이 있을 때는 온 마을 사람들이 같이 슬퍼하고 같이 즐거워하던 정겨운 장면이 지금도 눈에 선하다.

그간 고향을 찾지 못한 지가 30년이 훨씬 넘었다. 어릴 때는 놀기에 바빴고 철이 들었을 때는 고생하시던 어른들은 모두 하늘나라로 가셨으니 생각할 때마다 눈물이 나온다. 왜 이리 세월이 빨리 흘러갔는지 알 수가 없다.

그런데 이런 정다운 고향이 재개발되어 옛날 모습을 찾아 볼 수 없다고 한다. 너무나 아쉽고 섭섭하다. 왜 사람들은 개발이라는 미명 아래 자연 그대로의 아름다운 모습을 파괴하는 지 알 수가 없다. 옛날의 정서와 현대의 문명이 어울리는 그러한 세상을 만들 수는 없을까?

이제는 고향이 없다. 그러나 날이 갈수록 마음속에 간직하고 있는 고향의 아름다운 풍경과 나를 사랑하여 주시던 어르신들과 철부지 친구들의 모습이 뚜렷하게 떠오른다. 되돌아갈수만 있다면 나는 옛 고향 그 곳에 가서 살고 싶다.

잊을 수 없는 '기시다니' 교수

1년 동안 일본 동경대학 객원교수로 '기시다니(岸谷)' 교수와 공동 연구한 적이 있다. '기시다니' 교수는 일본의 재료 · 시공학 분야에서 타의 추종을 불허하는 권위자요 세계적인 학자였다.

처음 '기시다니' 교수 연구실을 찾았을 때 '기시다니' 교수라고 적힌 팻말 옆에 '서울대학교 부교수 김문한' 이라는 팻말이 나란히 붙어 있어 많이 배려한 것 같아 기분이 나쁘지 않았다.

연구실의 공간은 꽤 컸으며 '기시다니' 교수는 출타 중이였다. 연구실 뒤쪽 남쪽 창가에 내 자리가 준비되어 있었다. 전면 벽에는 바닥에서부터 천장까지 책이 가득히 진열되어 있어 과연 연구를 많이 하시는 분이라고 생각되었다. 그러나 뒷면 바닥에는 많은 위스키 병이 놓여있는 것을 보고 깜짝 놀랐다. 얼마나 술을 좋아하기에 연구실에 이렇게 많은 술병을 갖다 놓는단 말인가 하고 의아스럽게 생각하였다.

연구실 여비서에게 '기시다니' 교수는 술을 좋아 하시냐고 물어 보았다. 여비서의 말로는 사모님이 돌아가시고 재혼할 때까지 3년간 아픈 마음을 술로 달랬다고 한다. 그리하여 찾아오는 손님마다 술을 가져온다는 것이다. 그 말을 들으니 측은한 생각이 들었고 '기시다니' 교수는 조강지처를 참으로 사랑하신 분이었다는 것을 알 수 있었다.

다음 날 '기시다니' 교수를 만났다. 생각한 것보다도 키는 작았고 눈은 반짝이며 무엇을 사색하고 있는 뜻한 얼굴은 한눈에 봐도 학자다웠다. 웃으며 반갑게 맞이하는 모습에서 외유내강한 분이라는 것을 느낄 수 있었다. 내가 작성한 연구계획서에 대한 설명을 듣더니 실험은 '오노다 기술연구소'에서 해야 한다고 말하였다.

일본은 산업기술이 날로 발전하기 때문에 대학의 연구시설은 기업의 시설을 따라갈 수가 없으며, 동경대학의 경우 필요한 실험은 '기시다니' 교수가 지정하는 곳에 가서 한다고 하였다. 연구 외에 원하는 것이 무엇이냐고 물으시기에 기왕 일본에 온 김에 견문을 넓히고 싶어 건설기술연구소, 건설자재메이커, 대학 등을 견학하고 싶다고 말했다.

다음 날부터 '오노다 기술연구소'에 가서 실험을 하였다. 그리고 '기시다니' 교수가 계획한 견학 일정에는 건설기술연구소 등을 방문하였다. 방문 후에는 견학한 소견을 '기시다니' 교수와 교환하며 많은 관련지식을 얻었다. 실험이 없을 때는 연구실에서 참고문헌을 읽었으며 전혀 연구실을 비우지 않았다. '기시다니' 교수는 빈틈없는 나의 연구생활에 찬사를 보내며 쉬엄쉬엄하라고 말했다. 객원교수로 와서 연구실을 지키기보다 관광을 다니거나 골프를 즐기는 교수도 있다는 것이다.

이런 생활을 통해서 '기시다니' 교수는 나를 완전히 신임하였으며 내가 요구하는 것은 전부 들어주었다. 심지어 귀국 후 교재용으로 사용하고 싶었던 공사에 대한 테이프와 슬라이드 필름까지도 구할 수 있었다.

이런 것은 개인적으로는 절대로 구할 수 없는 말하자면 회사나 연구소의 대외비에 속하는 홍보물이었는데 '기시다니' 교수로 인하여 입수할 수가 있었다.

'기시다니' 교수는 정부뿐만 아니라 크고 작은 회사에서 자문하는 일도 많았다. 약속한 날이면 기술자문을 받기 위해 많은 사람이 연구실을 찾아 왔다. 그 모습은 마치 병원에서 유명한 교수에게 특진받기 위해 줄지어 서있는 사람들을 연상케 했다.

'기시다니' 교수는 건축화재전문가이기도 했다. 화재에 관한 많은 논문도 발표했으며 화재전문가를 많이 배출하기도 하였다. 1983년에 발생한 우리나라 대연각호텔 화재는 많은 인명피해를 수반한 세계적으로 유명한 사건이다. 당시에 우리나라에 건축화재 전문가가 한 사람도 없었다. 그리하여 제자 Y군을 화재전문가로 기르기 위하여 '기시다니' 교수에게 지도하여 주시기를 간청했던바 허락하여 박사과정에 입학할 수 있었다.

귀국 후 1985년에 또 한 명의 제자 L군을 동경대학 박사과정에 입학시키려고 했을 때, '기시다니' 교수는 '모리' 박사를 서울로 보내어 간접 면접시험을 보게 하고 입학을 허락하였다. 한번 나를 신임하더니 끝까지 믿어 주는 '기시다니' 교수가 너무나도 고마웠다.

세월이 흘러 1996년 2월에 정년퇴임하였고, 동년 3월 15일에 롯데 호텔에서 정년퇴임 기념논문 헌정식을 가졌다. 각계각층에서 많은 분들이 와서 축하해 주었다. 그러나 기대했던 '기시다니' 교수의 얼굴이 보이지 않았다. '기시다니' 교수는 다른 분을 보내 축사를 대독케 했다.

축사의 내용은 '김문한 교수의 정년퇴임 소식을 듣고 서울로 달려가 인사하고 싶었다. 그러나 몸이 불편해서 참석할 수 없어 진심으로 마음이 괴롭다'로 시작하여 구구절절 정이 듬뿍 담긴 격려의 말씀으로 위로하였다.

기념식이 끝난 후 4월에 일본으로 '기시다니' 교수를 문병차 방문하였다. 동경대학에서 정년퇴임하고 일본대학에서 근무하는 '기시다니' 교수를 그 곳 연구실에서 만날 수 있었다. 나를 보더니 반가워하며 정년기념식에 참석하지 못하여 미안하다고 말하는 '기시다니' 교수의 얼굴은 푸석푸석하고 핏기가 없어 바로 환자임을 알 수 있었다.

'어디가 불편하십니까?' 하고 물으니 위암수술을 했다고 말하며, 오늘 처음으로 학교에 나왔는데 힘이 없다고 하였다. 그러면서 수술은 잘 되었으니 곧 회복이 될 것이라며 여름방학이 되면 한국에 가겠다고 하였다. 이 말을 듣고 가슴이 뭉클하였다. 위암수술을 받은 중환자가 나의 정년퇴임을 위해 위로의 축사를 써 보냈으니 이게 어디 보통 성의로 할 수 있는 일인가.

그러나 이것이 '기시다니' 교수와의 마지막 만남이 될 줄은 전혀 생각하지 못했다. 순진한 나는 여름방학에 오시면 잘 모셔야겠다는 생각만 했던 것이다. 그러나 2개월 후 1996년 6월 중순에 '기시다니' 교수가 작고했다는 비보가 왔다. 아직도 학계나 나라를 위해서 활동해야 할 향년 69세였으니 너무나도 아쉬웠다.

순간적으로 지난날 '기시다니' 교수 연구실 바닥에 놓인 술병이 머리에 떠올랐다. 조강지처를 먼저 하늘나라에 보내고 아픈 마음을 술로 달랬다니 이것이 결국에는 명을 단축시키는 원인이 되었을 것이라고 생각되었다. 재혼하고는 술 담배는 끊었지만 지난날의 무리한 생활에서 온 육체적 정신적 충격을 극복하지 못한 것이다.

사람이란 지위가 높아지고 힘이 있을 때는 교만하고 냉정하게 되기 쉽다. 그러나 '기시다니' 교수는 엄격하면서도 부드럽고 박식하면서도 자상하신 분이었다. 남을 칭찬할 줄도 알고 남의 고통에 동참할 줄도 아는 인간미가 풍부한 교수였다. 한번 신임하면 끝까지 신임하는 소나무와 같이 늘 푸른 마음을 가지신 분이었다. 제자를 사랑하고, 제자의 일에 앞장서고 제자에게 꿈을 심어주는 북극성(北極星)과 같은 길잡이였다. 나를 훌륭한 교수라고 칭찬하며 여러모로 도움을 아끼지 않았던 '기시다니' 교수를 어떻게 잊을 수 있단 말인가.

이 두 사람

1984년에 일본 동경에 있을 때의 일이다. 대성건설회사를 찾아 나섰으나 초행길이라 길을 잃고 말았다. 이른 시간이어서 지나가는 사람도 없어 난처하였다. 당황하며 이 길 저길을 헤매다 보니 한 모서리에 허름한 옷을 입은 50세정도 되는 남자분이 길바닥에 포장지를 깔고 물건을 진열하고 있었다.

오죽하면 저 나이에 길에서 행상노릇을 할까? 어쩔 수 없이 이 일을 하는 저 사람의 마음은 착잡하고 날카로울 것이다. 이런 생각이 드니 길을 물어 보기가 망설여졌다. 그러나 급한 나머지 '안녕하십니까?' 라고 인사하고 대성건설회사로 가는 길을 물었다.

그런데 뜻밖에도 이 사람은 하던 일을 멈추고 웃는 얼굴로 '좋은 아침입니다' (오하요 고자이마스)라고 상냥하게 인사하며 저기 저 높은 건물이라고 말하는 것이다. 그러더니 잠깐 기다리라고 하면서 자기의 헌 가방을 뒤지더니 지도를 꺼내고 안경을 낀 후에 자세하게 설명하면서 약도도 그려 주었다.

다정하고 침착한 그 분의 매너에 오히려 나는 당황하였다. 보아하니 하루 벌어 하루 먹는 처지인 것 같은데, 물건을 사는 사람도 아니고 아침부터 길을 묻는 나에게 이렇게 친절할 수가 있을까? 짜증스러운 모습은 전혀 찾아 볼 수가 없었다. 길을 잃어 약속시간을 어기면 어쩌나 하고 걱정하고 있던 나는 이 분 덕분에 제시간에 목적지에 도착할 수가 있었다.

순간적인 일이었지만 이 사람을 통하여 남을 기쁘게 하는 방법이 무엇인지를 배운 것이다. 그리고 기왕이면 볼펜 하나라도 사줄 것을, 내 자신의 급한 것만 생각하고 상대방을 배려하지 못한 옹졸했던 자신을 책망하였다.

또 하나는 '오노다(小野田)기술연구소'에서 실험연구를 하고 최종 보고서를 작성할 때의 일이다. 보고서를 몇 번이고 읽어 보아도 한국말식 일본어로 표현된 부분이 있었다. 염치불구하고 실험부서장인 '이시이' 씨에게 보고서의 교정을 부탁하였다. 보고서를 몇 장 넘기더니 자기는 무슨 뜻인지를 알겠으나 표현이 부적절한 부분이 있다며 내일 아침까지 수정하여 주겠다고 하였다. 참으로 고마운 분이라 생각하고 숙소에 돌아왔다.

다음날 아침 가벼운 마음으로 연구소에 나가니 '이시이' 씨가 수정한 보고서를 나에게 주었다. 눈이 충혈된 것을 보니 밤잠을 못 잔 것 같았다. 그리고 자기는 곧 병원에 가야 한다고 하였다. 무슨 일이냐고 물으니, 예상외로 수정할 것이 많아 집에 가지 않고 사무실에서 작업을 하고 있을 때 장모님이 위급하다는 전화가 왔다는 것이다. 마음이 흔들렸지만 김 선생과의 약속을 지키기 위해 밤을 새웠고 이제 곧 병원으로 가야 한다고 하였다.

이 말을 듣고 미안한 것은 말할 나위도 없고 아무 관계가 없는 나와의 약속을 지키려고 한 '이시이' 씨의 고운 마음씨에 감동하였다. 장모님을 뵈러 병원을 가야지, 내 보고서 수정이야 이러한 사정으로 늦어질 수밖에 없었다고 변명하면 될 것 아닌가? 자기 연구소에 관련된 긴급한 보고서도 아닌데 나와의 약속을 꼭 지켜야 할 필요는 없지 않은가?

그러나 '이시이' 씨는 약속을 중시한 것이다. 나는 '이시이' 씨를 통해서 일단 약속한 것은 일이 크건 작건 간에 그리고 상대가 누구이던 간에 꼭 지켜야 한다는 것을 강하게 느꼈다. 그리고 약속 저변에는 책임과 신뢰와 인격이라는 척도가 있어 그 사람의 됨됨이를 측정할 수 있다는 것을 깨닫게 되었다. 그 후에 이 두 사람은 내가 어려움을 당할 때마다 나를 깨우치는 스승이 되었다. 자기의 가난한 처지를 비굴하게 여길 것이라고 생각했던 노점상인의 웃는 얼굴과 따뜻한 모습이 살아가면서 짜증스러울 때마다 내 앞에 나타난다. 그리고 옹졸한 내 마음을 달래어 나를 온유하고 겸손한 사람이 되도록 인도하여 준다.

장모님이 위급하다는 전화를 받고도 약속을 지키려고 밤을 새워 원고 수정을 한 '이시이' 씨의 진지한 모습이 세상사에 적당히 태만해지려고 하는 내 앞에 나타나 나를 보다 성숙한 사람이 되도록 인도해 준다.

내가 받은 찡한 박수

상에 대해서 민감해질 때가 있다. 누구는 이런 상을 받았고 누구는 저런 상을 받았다는 기사나 말을 들으면 부럽기도 하고 그 상을 받기 위해서 얼마나 고생이 많았을까 하고 생각하게 된다.

한편 그 정도의 일이라면 나도 상을 받을 만도 한데 왜 나는 받을 수가 없는지 쓴 웃음이 나올 때도 있다. 생각하면 나는 6 · 25전쟁의 격전지에서 여러 번 죽을 고비를 넘겼다. 그럼에도 불구하고 무공훈장 하나 없다. 어떤 사람이 자랑한 무공훈장은 적과의 싸움에서가 아니라 행정실적이 우수해서 받은 것이었다고 한다. 그런 것도 무공훈장감이 되는지 문외한인 나는 알 수 없지만 여하튼 의아할 떼가 있다.

또 이런 경우도 있었다. 초창기에 한국기능올림픽위원회에서 기술위원으로 일하고 있을 때의 일이다. 세계기능올림픽대회 경기과제로 한국에서도 직종별로 과제를 제출했었다. 그러나 내가 제출한 목공과제만이 채택되었다. 다행히 그 해의 기능올림픽 국제대회에서 한국이 우수한 성적을 올렸다. 이로 인하여 몇몇 기술위원들이 보건복지부장

관의 훈장을 받았다. 그러나 나는 제외가 되어 얼마나 섭섭했는지 모른다. 그 후로 아예 나는 상복이 없는 사람이라고 자포자기하며 지냈다.

그러던 중 1997년에 미국의 세계 인명록(Who's Who in the world-Marquis)협회로부터 필요한 이력 및 경력사항을 보내라는 우편물을 받았다. 그러나 이것을 진지하게 받아들이지 않고 미리 포기하고 서류를 보내지 않았다. 이렇게 포기한 것을 지금도 후회하고 있지만 여하튼 상을 받는다든가 인증을 받는 것에 대해서 표현하기 어려운 열등감을 가지고 있는 것이 사실이다.

지난번 3 · 1문화재단에서 3 · 1정신을 바탕으로 학술, 예술 및 기술 등의 분야에서 탁월한 업적을 이룩한 사람을 한 사람씩 선발하여 수상한다고 하였다. 처음에는 훌륭하신 분들이 얼마나 많을까 하는 생각에 주저하였다. 그러다가 건설 부문에서 누구 못지않게 선구자적인 일을 하였다고 생각하고 용기를 내어 기술상 후보자 신청에 응하였다. 그러나 기술 분야에는 기계, 전기, 전자, 화공, 원자, 재료, 선박, 항공 등 많은 부문이 있다. 더욱이 요사이 IT, BIO분야는 상당한 관심분야가 아닌가. 크게 기대할 수가 없었다. 더욱이 상복이 없다는 선입견으로 자신할 수도 없었다.

이렇게 생각하면서도 상에 대한 미련으로 지난 날의 업적을 정리하여 서류를 제출하였다. 서류를 제출하고 나니 사람의 본능이라고 할까, 그 결과가 은근히 기다려졌다. 그런데 내가 최종 수상자로 확정이 되었다는 소식이 왔으며 각종 매스컴에 그 사실이 공표되었다.

이 사람 저사람으로부터 축하한다는 전화가 왔다. K박사는 축하 화분을 보냈다. 그러나 그 외 제자로 부터의 축하 전화나 축하 메시지는 의외로 적었다. 나는 늘 내 마음 속에 제자들을 품고 지냈는데 어쩐지 섭섭한 생각이 들었다. 하기야 정년퇴임한지도 벌써 만 15년이 되었으니 현직에 있을 때와는 다르겠지.

그러나 아무리 세월이 흘렀다 해도 이런 경우 무관심할 수는 없지 않은가? 바쁘고 일이 많아지다 보면 잊을 수도 있겠지만 관심이란 바쁜 중에도 마음을 써주는데 그 의의가 있는 것이 아닌가. 전화 한 통은 있음직도 한데 하는 아쉬운 생각이 들었던 것이다. 그러던 어느 날, L박사로부터 축하 메일이 왔다. "교수님의 영광스런 3 · 1문화상 기술상 수상을 축하드립니다. 저희 제자들 모두의 인생의 사표이신 교수님의 진솔하고 모범적인 삶에 대한 헌상물(homage)이라고 생각합니다. 전통과 권위의 3 · 1문화상을 교수님께서 수상하심은 모두의 기쁨이며 영예이기에 널리 알리고 자랑하여 축하의 뜻을 나눠야 하겠습니다", 라는 멋진 내용이었다.

이 메시지를 몇 번이고 읽어 보았다. "저희 모두의 인생의 사표이신 교수님"이라는 말에 마음에 전류가 흘렀다. 나를 이렇게 까지 생각하고 있다니, 잠시나마 섭섭했던 생각은 봄눈 녹듯이 사라지고 마음은 구름 한 점 없는 가을하늘과 같이 맑아졌다.

드디어 2011년 3월 1일에 마포 가든호텔 강당에서 3 · 1문화상 수상식이 있었다. 각계각층의 저명인사와 많은 축하객으로 강당을 가득 메웠다. 내 이름이 호명되어 단상으로 올라갔다. 이 때 축하객석에서 우뢰와 같은 박수소리가 들렸다. 정신을 차리고 보니 기대하지도 않았던 인사와 많은 제자들이 참석하여 힘차게 박수를 치고 있었다.

늘 고독하기만 했던 나는 이 우뢰와 같은 찡한 박수 소리를 들으며 기술상 상패와 메달과 상금을 받았다. 더욱이 지금 내가 우리나라 건축분야에서는 처음으로 3 · 1문화상 기술상이라는 큰 상을 수상하게 되니 너무나도 감격스러웠다.

빵은 나눌수록 작아지나, 감동이란 나눌수록 커지는 모양이다. 이 벅찬 순간을 제자들과 같이 나누게 되니 나의 감동은 고무풍선처럼 점점 커지는 것이었다.

곽 회장과의 만남

곽 회장을 만난 것은 1994년 3월의 어느 날, 당시 대학원생이었던 K군이 다니던 (주)대동주택 회장실에서였다. K군의 말에 의하면 곽 회장은 젊지만 마음이 열린 분이고 21세기 한국건설의 세계화를 위해서 큰 꿈을 가지고 있는 분이라고 권유해서 만나게 되었다.

회장실의 공간은 작았으며 한 회사의 장이 근무하는 집무실이라고 하기에는 너무나 빈약하게 보였다. (주)대동주택을 창립한지 9년 만에 도급순위 57위의 건설업체로 성장시켰다는 곽 회장은 50세를 갓 넘은 보통 키의 젊은 분이었다. 나를 반갑게 맞이하는 그분은 한 회사의 회장이라고 하기보다 따스한 느낌을 주는 옛 친구와 같았다.

마음이 푸근해진 나는 그 분에게 우리나라 건설의 발전방향에 대해 소신껏 말을 하였다. 특히 우리나라 건설업의 문제점이 무엇이고 이 문제점을 해결하려면 기업주들이 하루속히 건설환경의 변천에 합당한 사장방침(社長方針)이 있어야 한다고 강조하였다. 그리고 노동집약적인 건설에서 빨리 기술집약적인 건설로 전환해야 한다고 말씀드렸다.

곽 회장은 나의 말을 진지하게 경청하고 있었다.

나는 용기를 내어 '곽 회장님, 기술집약적인 건설로 전환하려면 건설기술 분야의 인재가 필요합니다. (주)대동주택에서 전국을 대상으로 건설기술 현상 논문을 공모하여 건설에 대한 관심을 드높이고, 건설 분야의 인재를 육성하는 일익을 담당하시지 않겠습니까?' 라고 말씀드렸다.

나는 대형 건설회사 사장을 만날 때마다 이 문제에 대해 강조해서 말했었다. 그러나 나의 주장을 수긍하면서도 막상 '건설기술 현상 논문' 공모를 위한 스폰서가 되는 것을 주저하거나 사양했던 것이다. 곽 회장 역시 나의 건의를 받아 줄 것이라고 큰 기대를 한 것은 아니다. 그런데 곽 회장은 나의 제의를 선뜻 받아 주셨다. 지금 막 도약하려는 중소건설업체로서 현상논문 공모보다 시급한 일이 얼마나 많았겠는가?

이렇게 하여 우리나라에서는 처음으로 (주)대동주택이 전국 공과대학 건축(공)학과, 토목공학과를 대상으로 건설기술에 대한 현상논문을 공모하게 된 것이다. 무슨 일이건 남보다 먼저 한다는 것은 쉬운 문제가 아니다. 이 일로 인하여 곽 회장은 참으로 앞을 내다보는 안목이 있고 도량이 크신 분이라는 생각이 들었다.

이것이 계기가 되어 다른 건설회사에서도 건설기술에 관한 현상논문 공모를 하게 되었으며 전국적으로 차츰 건설기술에 대한 관심을 갖게 되었다. 말하자면 곽 회장은 기업인으로 우리나라에서 처음으로 건설기술 분야의 연구를 촉진시키고 이 분야의 인재 육성에 선구자적인 일을 하신 숨은 공로자이다.

어느듯 나도 정년퇴임하고 학교를 떠나야만 했다. 그런데 어느 날 곽 회장으로 부터 만나고 싶다는 전화가 왔다. 곽 회장은 나의 건의를 받아 주신 분이 아닌가. 거절할 이유가 없었으며 약속한 날짜에 만났다.

자기는 공부를 많이 못하였지만 건설을 통해서 사회와 국가를 위해서 뜻있는 일을 하고 싶다고 말하는 곽 회장은 너무나도 솔직하고 진지하였다. 그러면서 정년퇴임 후에는 자기 회사로 와 동고동락하자고 말하였다.

어리둥절하였지만 싫지는 않았다. 그러나 교수였던 내가 회사에서 무슨 일을 한단 말인가, 망설이는 나에게 곽 회장은 '직함은 고문으로 모시겠습니다마는 원하는 연구를 하시면 됩니다. 저희는 김 교수님을 모시는 것만으로도 영광입니다' 라고 겸손하게 말하셨다.

이렇게 하여 정년퇴임 후에 (주)대동주택에 나가게 되었다. 그 곳에서 황토재료 및 공법에 대한 연구를 하여 8개의 특허를 취득하였다. 특히 황토 활성화(活性化)에 관한 것은 국내특허뿐만 아니라 미국, 일본, 중국의 국제특허도 취득하였다. 그뿐만 아니라 신기술도 3개나 개발하여 건교부, 과기부의 인증을 받았다. 이로 인하여 (주)대동주택의 이름이 널리 알려졌으며 취득한 신기술을 적용한 황토방 아파트는 수요자로부터 호평을 받았다.

그러나 뜻하지 않은 IMF로 회사가 위기에 직면하게 되었다. 곽 회장은 이 위기에서 벗어나기 위해서 백방으로 노력하였지만 역부족이었다. 평생 교수생활만 한 나는 곽 회장이 겪는 고뇌와 고독을 목격하고 말로만 듣던 기업의 어려움을 실감할 수 있었다. 어쩔 수 없이 구조조정을 하게 되었다. 젊은 사원들이 속속 직장을 그만두는 것을 보니 너무나 마음이 아팠다.

곽 회장이 간곡히 만류하는 것을 접고 약 4년간의 대동에서의 생활을 정리하였다. 곽 회장이 어려움을 겪고 있는 것을 보고 퇴사하는 나의 마음은 몹시도 착잡하였다.

그 후에 중국 연변과학기술대학에 교육선교사로 부임하였다. 그리고 그 곳 조선족 학생들에게 동북아지역의 건설기술자가 되도록 꿈을 심어주고 있었다. 그런데 곽 회장은 어떻게 이 사실을 알았는지 매월 나에게 선교활동비를 보냈다. 아직도 회사가 완전히 정상으로 회복한 것은 아닌데, 이미 회사를 떠난 나를 걱정하시다니 너무나 감사했으며 마음이 뭉클해졌다.

오늘도 나는 건설로 사회와 국가를 위해서 헌신하고 봉사하려는 그 분의 간절하면서도 소박한 꿈이 하루 속히 이루어지기를 진심으로 기원하고 있다.

율동공원

8년 전 여름, 지금 살고 있는 서현동 집으로 이사를 왔다. 이사 와서야 근처에 율동공원이 있으며 걷기운동을 하는 데도 아주 좋다는 이야기를 들었다. 그리하여 어느 날 율동공원을 찾아 나섰다. 이웃사람이 일러준 대로 새마을 연수원으로 가기 직전에 오른쪽으로 길을 따라 들어가니 개울이 흐르고 있었고 바로 거기서 부터가 율동공원이었다.

율동공원으로 들어가는 길은 아스콘으로 포장되어 산책하기 좋게 되어 있었다. 길을 따라 들어가니 호수가 있었고 호수의 양쪽은 나무가 울창한 산으로 둘러싸여 있었다.

호수의 둘레에도 길이 있고 그 길도 아스콘으로 포장되어 있었으며 말 그대로 걷기운동하기에 적합하였다.

이 빼어난 광경에 매료되었으며, 호수 주변을 걸을 때 지금껏 살아오면서 이런 일 저런 일로 막혔던 마음이 시원하게 뚫리는 것 같았다. 그리고 호수를 보니 내가 외로울 때마다 외우던 김광섭 시인의 '마음'이라는 시가 절로 입에서 흘러 나왔다.

나의 마음은 고요한 물결
바람이 불어도 흔들리고
구름이 지나도 그림자 지는 곳

돌을 던지는 사람
고기를 낚으는 사람
노래를 부르는 사람

이 물가 외로운 밤이 되면
별은 고요히 물위에 나리고
숲은 말없이 잠드나니

행여 백조가 오는 날
이 물가 어즈러울가
나는 밤마다 꿈을 덮노라

이 시를 외우며 걷노라니 어느새 내가 걸어온 지난 날이 떠올라 울적해졌다. 한문을 좋아하시던 아버지는 농부라기보다 오히려 학자였다. 천수답(天水畓)[1]에서 일에 지쳐 집에 돌아오시는 아버지를 볼 때마다 너무나도 마음이 아팠다. 일 년 내내 화장 한 번 하지 않는 어머니도 너무나도 딱하였다. 이렇게 어렵게 살아가면서도 부모님은 나를 중학교에 진학시킨 것이다. 그러나 힘든 모습을 전혀 보이지 않으셨다.

나는 공부만 잘 하면 되는 것으로 생각했었다. 그 당시에 오로지 S대학교에 진학하는 것만을 생각했다. 그러나 가난으로 꿈을 접어야만 했으며 얼마나 낙심했는지 모른다.

6·25전쟁으로 군에 가야만 했고, 난생 처음으로 부모형제와 떨어져 힘든 경험을 했다. 언제 아침이슬과 같이 사라질지 모르는 격전지에서도 내 손에서 영어 단어·숙어 책이 떠난 적이 없었다.

지난날 중부전선의 '단장의 능선'과 '수도고지'에서 살아남은 것은 기적이었다.

제대한 후 생존경쟁에 뛰어든 나는 친구들보다 훨씬 뒤처져 있는 것에 당황하였다. 어찌해야 좋을지 몰라 밤하늘의 별을 보며 눈물 흘린 적이 한두 번이 아니었다. 뒤늦게 대학공부를 시작했으며, 내 자신을 채찍질 하며 세상의 어려움을 헤쳐 나갔다. 미국에 유학갈 수 있었고 귀국 후에 S대학교에 부임하게 된 것은 하나님의 은혜였으며, 나로서는 더할 나위없는 행운이었다. 조금씩 세상에 적응되어가는 것을 느낄 수 있었고 땀 흘린 만큼 인정해 주는 세상이 감사했다.

그리고 어릴 때 꿈꾸던 큰 사람이 되고 큰 일을 하고 싶었던 이기적인 생각은 없어지고, 오히려 큰 사람은 아닐지라도 그리고 큰일이 아닐지라도 남이 하지 않는, 남이 하기 싫어하는 일을 하는 선구자가 되고 싶었다. 이런 꿈을 실행하면서 받았던 냉소적이고 조소적인 푸대접을 용케도 소화했다. 고인이 되신 부모님이 하늘나라에서 나를 지켜주시는 덕분이라는 생각이 들었다. 그러나 살아오면서 내 발등에 떨어진 불끄기에 바빠 부모님을 한번도 편하게 모시지 못했다. 얼마나 아쉽고 죄스러운지 이루 말할 수 없다. 나를 중학교까지 보내 주신 부모님의 넓고 깊으신 은혜는 영원히 내 마음의 등불이며 내 눈물의 상징이다. 이런 생각을 하며 걷다보니 어느새 율동공원을 한 바퀴 돌았다.

그 후에 나는 중국 연변과학기술대학에서 교육선교사로 봉사했다. 물과 공기가 나쁜 그곳에서의 생활은 고생스러웠지만, 불쌍한 조선족 학생들에게 꿈과 소망을 심어준 것은 참으로 잘한 일이었다. 귀국한 후 2009년의 어느 봄날에 내가 그리던 율동공원을 다시 찾아보았다. 율동공원 동쪽에 있는 나즈막한 언덕에는 예쁜 꽃들이 울긋불긋 피어 있어 화사하기 이루 말할 수 없었다. 호수 둘레의 산책로에는 비들기가 무엇인가를 쪼아 먹고 있었으며 호수에는 팔뚝 길이만한 예쁜 금붕어들이 어울려 놀고 있었다. 산과 구름이 드리운 잔잔한 호수에는 오리들이 쌍쌍이 앞서거니 뒤서거니 물 위를 거닐고 있는 모습이 너무나도 평화스러웠다. 그리고 내가 모진 세파 속에도 이렇게 살아서 율동공원을 걷고 있다는 것이 여간 고마운 게 아니었다. 그 동안 만난 이런 사람 저런 사람 모두가 돌다리도 두들기며 살아가던 마음 약한 나를 강하게 만들어준 스승이었다는 생각이 들었다.

요새는 왜 그리 세월이 빠른지 벌써 가을이 왔다. 어제 율동공원에 가니 입구의 산에 있는 큰 밤나무에서 알밤이 뚝뚝 떨어지고 있었고, 그 아래에서 여인들이 알밤을 줍는 모습에서 고향의 가을이 떠올랐다.

최근에 모 기관에서 운영하는 문학아카데미 프로그램에 참여하여 문예반에서 공부하고 있다. 나의 느낌과 감정을 글로 아름답게 표현하는 방법을 배우게 되니 정말 기쁘다. 이 곳 공원 내에 있는 정자에 앉아 지난번에 배운 노천명 시인의 '사슴' 이라는 시를 크게 낭송해 보았다.

모가지가 길어서 슬픈 짐승이여
언제나 점잖은 편 말이 없구나

관이 향그러운 너는
무척 높은 족속이었나 보다

물속의 제 그림자를 들여다보고
잃었던 전설을 생각해 내곤

어찌할 수 없는 향수에
슬픈 모가지를 하고
먼데 산을 처다 본다

어쩌면 이 시가 그렇게도 솔직히 내 모습을 그대로 대변했는지 놀랍기만 하다. 이 세상에는 나와 비슷한 생각과 감정을 가진 사람도 있다는 생각에 위안도 되고, 훌륭한 선생님을 시를 통해서 만날 수 있다는 것이 얼마나 행복한지 모른다. 이제 나이가 많아 사회에서 선구자의 일을 하기도 봉사활동을 하기도 체력적으로 벅찬 느낌이 든다. 앞으로는 율동공원을 자주 찾아 호수를 돌면서 사계절 변하는 자연 속에서 삶에 바빠 미처 몰랐던 일들을 발견하고, 그 발견한 것들을 예쁘게 글로 써보고 싶다.

1) 천수답 : 물의 근원이나 물줄기가 없어서 비가 와야만 모를 내고 기를 수 있는 논.

손자의 선물

어제는 내 생일이었다. 나이를 먹을수록 세월이 빠르다더니 정말로 유수와 같다. 생일이니 가족과 더불어 조촐하게 식사라도 같이 해야 하나, 그렇지 않으면 조용한 곳으로 여행이라도 가서 살아오느라 누적된 피로도 풀고 아름다운 추억만을 생각하며 쉬다 올까 망설이고 있던 중이었다. 그런데 아들내외, 딸 사위들은 나의 80번째 생일을 축하하기 위하여 나름대로의 계획을 세웠던 것 같다.

당일에 예약된 장소에 가보니 앞자리에는 예쁜 분홍색 양란이 놓여 있었고 '아버님 만수무강하시기를빕니다, 자식 일동'이라는 리본이 달려 있었다. 넓은 공간은 아니었지만 큰 테이블이 8개가 놓여 있었고 테이블마다 10개의 자리가 마련되어 사뭇 분위기가 잔치자리 같았다. '아니 자기들 살기도 어려운데 무어 이렇게 좋은 자리를 마련한담…', 하고 독백을 하였지만 기분이 나쁘지는 않았다.

시간이 되자 멀리 그리고 가까이 있는 동생내외와 조카들이 참석하여 꽤 많은 사람이 모였다. 이윽고 식순에 따라 팔순행사가 거행되었다. 그런데 "아버님 오래오래 사십시오" 라고 절을 하고 잔을 권하는 아들내외, 딸 사위들의 모습이 옛날과 같이 젊어 보이는 것이 아니라 오늘따라 중년의 모습이 역력하여 마음이 아팠다. 나는 이렇게 늙었어도 아들딸들만은 늘 팔팔하고 젊기를 바랐는데 세월은 누구에게나 공평한 모양이다.

그리고 귀밑머리가 희어지고 얼굴에는 주름살이 그려진 동생들이 '형님 축하합니다. 형님은 우리 집안의 기둥입니다. 오래 오래 건강하게 사셔야합니다' 라고 인사하는 모습에서 지난 날 동생들을 돌보지 못한 생각에 마음이 울적해졌다. 순서에 따라 답사를 할 차례가 되었다.

우선 내 팔순을 위하여 이렇게 성대하게 준비한 아들내외, 딸 사위들에게 감사하다고 하였다. 그리고 동생내외와 조카들도 많이 참석하여 고맙다고 하였다. 그러나 지난 날을 회고할 때는 마음이 쓸쓸해져 목소리가 떨렸다. 한 가정의 남편으로서, 그리고 아버지로서의 도리를 다하고 싶었고, 부모님께 자식으로서의 도리를 다하고, 동생들에게 형으로서의 도리를 다하고 싶었다. 그러나 마음뿐이었지 파도처럼 밀려오는 다급한 일을 처리하기에 늘 바쁘기만 하였다. 이로 인해 서로 대화가 부족했던 것이 여간 마음 아픈 것이 아니다. 여기까지는 그래도 또박 또박 말을 이어갔다.

내 앞가림도 못했던 나를 형이라고 존경하는 동생들이 너무나도 고맙다. 가난의 서러움 속에서도 낙심하지 않고 남보다 두 배 세 배 노력하여 훌륭한 삶을 이룩한 동생들이 참으로 자랑스럽다, 라고 말할 때에는 나도 모르게 볼에 눈물이 흘러 내렸다. 갑자기 전체의 분위기가 침울하게 되고 만 것이다.

그런데 이 때 할아버지, 제가 드릴 것이 있어요, 하고 초등학교 2학년생인 손자 '경현' 이가 앞자리에 나왔다. 나는 이 녀석이 용돈이라도 절약했다가 나에게 선물을 준비한 것이 아닌가 생각하였다. 그런데 내가 생각했던 그런 선물이 아니라 봉투를 전하는 것이었다. 그 봉투를 열어 보니 편지가 들어 있었고 그 편지의 내용은 다음과 같았다.

할아버지,

안녕하세요. 저 경현이에요. 오늘 할아버지 생신 축하드려요. 앞으로 오래오래 사셔서 제가 중, 고등, 대학교 가는 것과 제가 할아버지의 대를 이어서 건축가가 되는 것 봐주세요. 할아버지 손자답게 열심히 공부해서 자랑스러운 경현이가 될게요. 할아버지 사랑해요.

경현 올림

이 편지를 읽으며 얼마나 감동했는지 모른다. 아무 것도 모르는 철부지인줄만 알았던 손자가 이렇게 나를 사랑하고 있다고 생각하니 지난날의 모든 시름이 단숨에 사라지는 것이었다. 그리고 편지 내용대로 햇수를 계산해 보았다. 손자는 지금 초등학교 2학년이니까 졸업하려면 4년이 있어야 하고, 중고등학교를 졸업하려면 6년, 대학을 졸업하려면 4년, 이것만 합해도 14년이다. 지금 내 나이 80이니 여기다 14를 더하면 94세가 된다. 그리고 건축가가 되려면 적어도 5년의 경력이 있어야 하니까 이것까지 보탠다면 99세가 된다. 나의 손자 '경현' 이가 내가 백수까지 살기를 원하다니 이보다 더 큰 선물이 어디 있겠는가? 정말로 감격하였다.

그리하여 '경현' 아 고맙다. '경현' 이 말대로 오래 살아야지 하고 껴안아 주었다. 그랬더니 나의 착잡한 마음을 아는지 할아버지, 눈이 나쁘다고 하셔서 잘 읽으실 수 있도록 글씨를 크게 썼어요, 하고 말하는 것이었다.

내가 살아온 인생은 유토피아적인 무대는 아니었지만 이 세상은 결코 절망적이고 냉정한 곳만은 아니라는 생각이 들었다. 큰 소리로 손자의 편지를 읽으니 참석한 모두가 큰 박수를 쳤다. 손자의 선물로 인하여, 침울했던 분위기는 축제 분위기로 바뀌었으며 모두가 즐거운 시간을 가졌다.

내 마음속에 살아 계시는 '텁트' 씨

1961년에 미국으로 유학을 갔다. 그 당시 김포공항 가는 길은 포장이 되어 있지 않아, 버스가 지나간 자리에는 흙먼지가 자욱했었다. 1953년도에 정전협정으로 총소리는 멎었지만 아직도 6 · 25전쟁으로 인한 상처가 완전하게 가시지 않은 시기였다.

이런 사회 경제적인 배경을 뒤로 하고 미국에 도착한 나는 반듯하게 정리된 도시, 잘 가꾸어진 주변 환경, 많은 자동차, 그리고 차가 쏜살같이 달리는 고속도로 등을 보면서 정신적으로 압도되고 위축되었다. 우리나라가 살기 좋은 금수강산이라고 믿고 있었는데 현실적으로 너무 대조가 되어 실망스러웠던 것이다. 특히 만나는 사람마다 너의 나라에는 냉장고가 있느냐, TV가 있느냐, 자동차가 있느냐 등을 물을 때에는 난감하고 대답하기가 부끄러웠다.

이런 질문을 받을 때마다 나는 미개한 나라, 후진국 사람으로 인식이 되는 것 같아 여간 마음 아픈 것이 아니었다. 사실상 그 당시 미국의 1인당 GNP는 약 $20,000인데 비해 우리나라의 1인당 GNP는 불과 $80밖에 되지 않아 문화의 차이는 당연한 것이었음에도 자존심이 상하는 것은 어쩔 수가 없었다.

그러던 어느 날 한 여자로부터 전화가 왔다. 한국에서 온 '김' 이냐고 묻기에 그렇다고 했더니, 내일 M교회에서 예배를 드린 후에 나오면 근처에 머리에 빨간 꽃을 꽂은 아가씨가 기다리고 있을 것이니 같이 차를 타고 오라고 하였다. 외로운 참이었는데 누가 나를, 그것도 예쁜 아가씨가 초대한다니 가슴이 설렌다.

다음 날 시간에 맞추어 교회로 출발했다. 그러나 길을 잃어 헤매다가 교회에 도착하였을 때는 이미 예배가 끝난 후였다. 혹시나 하고 주변을 둘러보아도 머리에 빨간 꽃을 꽂은 아가씨는 보이지 않았다. 할 수 없이 집으로 돌아오니 곧 전화가 왔다. 왜 약속을 지키지 않았느냐는 것이다. 길을 잃어 헤매다가 교회에 도착했을 때는 예배가 끝난 후였다고 말했다. 그러면 지금 바로 54번 버스를 타고 30분가량 오면 C 정류장이 있으니 그 곳에서 내려 머리에 빨간 꽃을 꽂은 아가씨를 만나 같이 집으로 오라고 하였다.

즉시 알려준 버스를 타고 지정된 정류장에서 내려 두리번거리며 머리에 빨간 꽃을 꽂은 아가씨를 찾고 있는데, 한 할머니가 다가오더니 당신이 김씨입니까? 라고 물었다. 머리를 보니 과연 빨간 꽃이 꽂혀 있었다. 다소 실망이 되었지만 그 분의 차를 타고 약 20분 후에 한 주택에 도착하였다.

그 집에는 세자매가 나를 기다리고 있었다. 알고 보니 나를 초청하신 분은 위 언니인 '텁트(Tuft)' 씨였고, 나를 마중 나온 사람은 첫 번째 동생이었다. '텁트' 씨는 평생을 독신으로 사셨으며, 명문인 '노스웨스턴 대학교' (Northwestern University) 간호학과를 졸업하고, 시카고에 있는 웨슬리 감리교재단병원에서 정년퇴임하신 분이었다.

'텁트' 씨의 동생들은 정성껏 만찬을 준비하였다. 오랜만에 맛있는 음식을 많이 먹었다. 그리고 이런 이야기 저런 이야기로 환담이 이어졌다. 내가 대답하기 곤란한 질문은 일절 묻지 않았다. 오히려 현재의 나의 생활에 대해 격려를 하고 용기를 주었으며, 불편한 점이 있으면 주저하지 말고 말하라고 하였다.

밤이 늦어 귀가하려고 할 때, 그 분은 냉장고를 열더니 큰 봉투에 이것저것 먹을 것을 가득 담아 주고 가지고 가라고 하였다. 나는 자격지심에 동정을 받는 것 같아 사양했더니 거의 반강제적으로 내 손에 쥐어주었다.

혼자 방에 앉아 오늘 생긴 일을 회상하였다. 어떻게 그 분이 나를 알게 되었을까? 나를 초청해서 융성한 대접을 한 이유가 무엇인가? 미국에도 자매간에 그렇게 우애가 좋은 가정이 있다니…등을 생각하며 무심코 봉투에서 바나나를 꺼내 먹었다. 정신을 차리고 보니 그렇게 받기를 거절했던 봉투가 아니었던가? 그 순간 웃고 계시는 인자하신 '텁트' 씨의 얼굴이 떠올랐다. 그는 이런 경우를 예상하고 고독한 나의 마음을 꿰뚫어 보고 이 선물을 주신 것 같았다.

어느 화창한 초여름에 '텁트' 씨는 자기가 근무하던 시카고에 있는 웨슬리 병원에 가보자고 하였다. '텁트' 씨와 자매 분들과 같이 한 차를 탔으며 나는 뒷좌석 가운데에 자리를 잡았다. 자매 분이 장미 가운데 있으니 기분이 어떠냐고 묻는 등 화기애애하게 말을 주고받으며 약 4시간 후에 병원에 도착하였다.

그 병원 수술실 벽에 '텁트실(Tuft Dept)' 라는 글씨가 새겨져 있는 것을 보았다. 이유를 물은 즉 수술실에 들어오는 위급한 환자에게 '텁트' 씨는 서슴없이 자기의 피를 제공했으며 이렇게 해서 생명을 건진 환자가 부지기수라고 하였다. 이러한 공적을 영원히 기리기 위하여 그 이름을 벽에 새긴 것이라고 했다. 많은 사람에게 서슴없이 헌혈을 했다니 '텁트' 씨는 참으로 자비로운 분이라는 생각이 들었다.

그 분은 때때로 나의 숙소에 찾아와 냉장고를 깨끗하게 닦아주고 방 구석구석을 청소하고 아무렇게나 팽개쳐진 침구를 정돈하여 주셨다. 백인 특유의 우월감이나 자만심은 전혀 찾아 볼 수 없고 항상 조용하고 부드러운 말로 나를 위로하고 격려하였다. 내가 외로움 없이 공부하도록 여러모로 마음을 써주시는 것이 너무나도 고마워 나도 모르게 어머니라고 불렀다. 그 때 그 분은 웃으시며 고개를 끄덕거렸다. 그 후로 그 분을 마음 놓고 어머니라고 불렀다.

어느 날 어머니 '텁트' 씨는 마음씨 착한, 가난하였던 부부의 크리스마스 선물에 대한 이야기를 하였다. 아내는 아름다운 긴 머리카락을 가지고 있었으나 빗이 없었고, 남편은 시계를 가지고 있었으나 시계줄이 없었다. 남편은 시계를 팔아 사랑하는 아내의 빗을 사고, 아내는 머리카락을 잘라 사랑하는 남편의 시계줄을 샀다. 크리스마스 이브에 남편은 아내에게 빗을 선사했으나 아내의 머리카락이 잘리어 있었다. 아내는 남편에게 시계줄을 선사했으나 남편은 시계가 없었다. 두 부부는 서로 껴안고 울었으며, 아내는 '여보 감사해요, 내 머리카락은 곧 자라니까 그 때 이 빗을 쓰겠어요' 라고 말했다. 남편은 '여보 감사해요, 그리고 걱정 말아요 더 열심히 일하면 시계를 되찾을 수 있으니 그 때 이 시계줄을 쓰겠어요' 라고 말했다는 것이다.

이들 부부는 가난했지만 사랑과 감사와 존경이 있었으며 그 마음속에 천국이 있었다고 하였다. 그러면서 어머니 '텁트' 씨는 나에게 항상 마음에 천국을 지니고 살아야 한다고 말씀하셨다. 그리고 귀국하면 선하고 의로운 일을 많이 해야 한다고 하였으며 훌륭한 사람이 되어야 한다는 말은 한 번도 하지 않았다.

워싱턴 근처의 볼티모아 국제공항에서 귀국하게 되었다. 그런데 어머니는 나를 전송하기 위하여 동생들과 같이 이틀이나 걸리는 먼 거리를 교대로 차를 운전하며 공항 로비에 나타난 것이다. 생각지도 못한 이 정겨운 모습에 가슴이 뭉클하였다. '잘가라' 고 석별의 정을 나누고 노래를 부르며 내 뺨에 키스하시던 인자하신 어머님 '텁트' 씨의 얼굴에는 이슬이 맺혀 있었다.

귀국한 후 1969년 5월에 '텁트' 씨의 공적이 실린 지방일간지가 동봉된 사망소식이 왔다. 유언에 따라 시신은 위스콘신 대학교 의과대학에 실험용으로 기증했다고 한다. 죽어서까지 남을 위해서 마지막 자기

몸까지 부탁한 어머님의 신실한 사랑에 얼마나 눈물을 흘렸는지 모른다. 그리고 살아생전 한번도 찾아뵙지 못해 죄송하기 이루 말할 수 없으며 지금까지 마음이 아프다. 그 분이 가르쳐 주신 사랑을 본받아 이웃을 위해 선한 일을 하려고 결심하고 있으며 작은 일이나마 실천하고 있다.

나에게 아름다운 삶의 길과 참기쁨이 무엇인지를 가르쳐 주신 '텁트' 씨는 지금도 내 마음속에 살아 있으시다. 그 분과의 만남이 없었다면 의롭고 선한 일을 해야 하는 가치관이 무엇이며 마음의 천국이 무엇인지도 몰랐을 것이다.

6 / 깨우침

흙에 숨겨진 지혜

하나님은 사람을 흙으로 만들었다고 한다. 그러기에 사람은 죽으면 누구나 흙으로 돌아간다. 인도사람은 영혼의 양식을 흙에서 받는다고 믿고, 맨발로 다닌다고 한다. 이런 종교적인 관점에서 뿐만 아니라 사람은 누구나 흙에서 생산되는 음식물을 먹고 살아가고 있다. 사람뿐만 아니라 육지의 동물이나 식물은 말할 나위 없고 바다의 물고기도 따지고 보면 흙 위에 고인 물 속에 살고 있다.

나는 농촌에서 자랐다. 이른 봄이면 모종을 하고 이어서 모내기를 하였다. 중학교 2학년 때 방과 후에 일꾼들과 같이 모를 심어 본 일이 있다. 바지는 걷어 올리고 맨발로 논에 들어갔다. 그런데 흙이 거칠어 불편할 줄 알았는데 전혀 그렇지 않았다. 발에 흙이 닿는 느낌이 마치 어머니의 품과 같이 부드러움에 놀랐다. 잠시 동안의 경험이었지만 이런 친근미가 있고 부드러움이 있기에 농부는 논에서 일할 수가 있구나 하고 생각하였다.

어느 날 할머님과 같이 밭에 나가 풀을 뽑은 적이 있다. 그 때 흙을 헤치고 나오는 강낭콩 싹이 정말 예뻤다. 이 싹이 커서 잎과 가지를 이루어 열매를 맺는다고 생각을 하니 흙이란 참으로 착하고 고마운 존재라고 느껴졌다.

내가 살던 집 앞에는 농사에 필요한 마당이 있고 뒤에는 모든 집이 그러하듯 장독대가 있었다. 비오는 날 마당과 장독대에 닿는 청아한 빗소리는 아스팔트나 콘크리트에 닿는 투박한 소리와는 달랐으며 나를 꿈나라로 이끌곤 했다.

집의 벽은 기둥과 기둥사이를 수수깡으로 외를 엮은 후에 여물을 섞고 물로 반죽한 흙을 발라 만들었다. 천장도 서까래와 서까래 사이를 같은 요령으로 흙으로 발라 마감하였다. 방바닥은 구들 위를 흙으로 마감했으며 한 번 더워지면 오랫동안 식지 않았다.

이렇게 흙으로 만든 집은 겉으로 보기에는 초라하였지만 여름에는 시원하고 겨울에는 따뜻하였다. 식사는 주로 안방에서 온 식구가 같이 했는데 식사 후에도 방에서 음식 냄새가 나지 않았다. 알고 보니 흙이란 보온성(保溫性)이 좋고 단열성(斷熱性)이 있으며 탈취성(脫臭性)이 우수하기 때문이었다. 오늘날 우리는 보온성을 위해서 난방을 하고 단열을 위해서 단열재를 사용하고 실내의 냄새를 제거하기 위해서 환풍기를 사용한다. 그런데 우리 조상들은 이런 것들을 흙을 사용함으로 해결했던 것이다.

장독대는 주로 어머님이 차지하고 사용하였다. 장독대에는 우리의 전통음식인 간장, 된장, 고추장, 김치 등이 담겨진 크고 작은 옹기가 용도에 따라 가지런히 놓여 있었다. 이 흙으로 만들어진 옹기들은 어머님의 손으로 늘 깨끗하였고, 그 날의 기후에 따라 뚜껑을 열거나 닫거나 하면서 정성을 드렸다.

우리나라의 전통음식은 대부분 발효균에 의해서 맛을 내게 하는 식품이다. 발효균이 성장하려면 적당한 공기와 온도가 필요하다고 한다. 그런데 흙으로 된 옹기는 통기성(通氣性)과 보온성(保溫性)이 좋아 음식을 발효시키는 역할을 하는 발효균의 활동에 아주 좋다고 한다. 우리 조상들은 어떻게 이런 성질을 알고 흙으로 된 옹기를 사용했는지 참으로 놀랍기만 하다.

옛날에는 금속이 귀하고 수지(樹脂)가 없었기 때문에 흙으로 된 용기를 쓸 수밖에 없었다고 말할지 모른다. 그러나 금속이나 수지용품은 통기성이 없어 발효식품을 만들기에는 적합하지 않다.

일제시대에 일본사람들은 우리 고유의 옹기에 숨겨져 있는 이 기막힌 이치를 알지 못하고 투박함을 없애려고 옹기에 유약(柚藥)을 칠하게 했다. 그러나 이것은 옹기의 통기성을 막는 일이 되어 발효균의 성장을 저해했으며 맛을 내는 것을 방해했던 것이다.

이와 같이 사람의 정서를 정화시키고, 먹을거리를 주고, 잠자리를 제공하고, 생활용기를 주는 흙의 가치가 문명이라는 미명하에 점점 희박해지고 있다. 흙과 접촉해서 살아가는 방법이 점차 줄어들고 있다는 이야기다. 전통적으로 흙으로 되어 있는 생활용기는 플라스틱 제품으로 대체되고 있다. 집을 지을 때 주재료였던 흙은 시멘트로 인하여 그

자취를 찾아보기 힘들게 되었다. 도시는 집이나 길이나 온통 콘크리트 또는 콘크리트 블록으로 되어 가고 있다.

현대인이 옛날 사람에 비해서 정서적으로 성급하고 온유하지 못한 것은 흙이 가지고 있는 정직함과 친밀감과 온유함을 맛보지 못하고 살기 때문이 아닌가 하는 생각이 든다. 흙과 멀어지는 오늘날의 생활방식은 편리하기는 하지만 편리하게 된 만큼 인간성은 메말라가고 있다.

우리의 생활에서 흙을 멀리하는 이유는 실용성과 구조적인 문제 때문이다. 아무리 전통음식을 위해서 옹기를 쓰고 푸근한 집을 위해서 흙을 쓰는 것이 좋다고 해도 현재의 주거생활이 되는 아파트에 옹기를 두기란 공간적으로 쉬운 문제가 아니다. 집의 규모도 커지고 고층화되고 있는 오늘날, 강도가 약하고 건조 후에는 균열이 가기 쉬운 흙을 사용할 수는 없다. 그러나 흙의 치명적인 약점을 개선하여 강도를 높이고, 물에도 강하고, 수축균열이 가지 않게 하는 방법을 발명할 수 있다면 실용적으로나 구조적으로 안전한 용기를 만들고 집을 짓는데 사용할 수 있을 것이다.

이와 같이 흙에 숨겨진 지혜를 찾아낼 수 있다면 우리나라 고유의 전통건축을 재현할 수 있을 것이고, 이로 인해 정다운 마을이나 도시가 형성될 것이다. 그리고 자꾸만 멀어지는 우리 고유의 의 · 식 · 주 생활방식도 되찾을 수 있을 것이며, 시멘트로 인하여 메말라 가는 인간성을 회복할 수 있을 것이다. 또한 사람들의 정서도 현재보다 훨씬 안정될 것이라고 생각한다.

2010 야누스의 달 첫날의 꿈

영어로 1월을 제뉴어리(January)라고 하며, 이는 야누스를 뜻하는 말이라고 한다. 야누스란 로마의 신화에 나오는 신으로서 앞과 뒤의 것을 동시에 볼 수 있는, 또는 과거와 미래를 볼 수 있는 능력을 가졌다고 한다.

우리는 야누스의 달 첫날인 1월 1일에 서로 '새해에는 복 많이 받으세요' 라고 인사를 나눈다. 이 인사에는 새해에는 만사형통하기를 기원하는 뜻이 있다. 그리하여 지난 2009년도 새해를 맞이할 때 송구영신(送舊迎新)의 뜻대로 지난해의 불편했던 것은 다 잊어버리고 새해에는 새로운 꿈을 갖고 출발해야 한다고 다짐했었다. 그러나 잊어버려야 할 것을 잊어버리지 못하고 한 해가 지나가고 만 것이다.

자원해서 만 4년간 중국 연변과학기술대학에서 교육선교사로 봉사하다가 2008년 8월에 귀국했다. 교회의 지원 없이 돈과 시간과 건강을 바치며 정성을 다하고 돌아온 것이다. 그러나 교회의 분위기는 너무나도 냉정하였다.

교육선교사로 봉사하면서 건강이 나빠져 두 번이나 후송되어 한국에서 치료하기도 하였다. 강의 시간에 이 곳은 옛날 우리나라 땅이라고 한 것이 화근이 되어 중국 공안당국의 요시찰인으로 낙인이 되어 신변의 위험을 느끼며 지냈다. 이런 고역을 겪으며 봉사하고 왔는데 '수고했습니다' 라는 인사 한마디 없어 너무나도 실망스러웠다. 행여 내가 무슨 잘못이 있었나 하고 여간 마음이 괴롭고 허전한 것이 아니었다.

우리가 살아가면서 사람대접을 못 받는다고 느껴졌을 때의 모멸감만큼 마음의 상처가 큰 것은 없을 것이다. 이런 생각이 드니 자꾸만 편협한 사람이 되어 가는 것 같아 여간 고민이 되는 것이 아니었다. 불행하게도 나는 2009년도를 이런 마음의 갈등 속에서 지냈었다.

그리하여 2010년 야누스의 달 첫 날에, 야누스의 앞뒤를 보는 능력 중 뒤의 것, 즉 과거의 섭섭했던 일은 완전히 떨쳐버리고 오로지 앞의 것, 즉 금년의 것만을 생각하고 새로운 마음으로 겸손히 지내려고 결심했다.

첫 번째로 교회를 옮기는 일이다. 평생 다니던 교회를 옮긴다는 것이 쉬운 문제가 아니다. 어떻게 해야 할지 고민도 많이 했다. 아무리 생각해도 마음의 갈등에서 자유로워지려면 교회를 옮기는 수밖에 없다는 생각이 들었다. 내 명에는 내가 짊어져야 하지 않겠나. 다행이 집 가까이에 C교회가 있는데 목사님의 말씀도 은혜롭고, 무엇보다도 나의 첫사랑 교회와 같은 푸근한 느낌이 들었다. 그리하여 그간에 겪었던 마음의 상처와 갈등을 떨쳐버리고 이 교회에서 다시 신앙생활을 시작하려고 한다.

두 번째로 건강이다. 뭐니뭐니해도 몸이 건강해야만 마음도 건강해질 것이다. 나이를 먹으면 모든 병은 퇴행성(退行性)이 원인이 된다고 한다. 의사는 퇴행성이란 기계가 마모되는 현상과 같다고 하였다. 이것을 방지하거나 지연시키려면 규칙적인 운동이 필요하다고 한다. 지금은 율동공원으로 산책하기 좋은 위치에서 살고 있다. 금년에는 자주 율동공원으로 걷기운동을 하여 건강을 유지하려고 한다.

세 번째는 마음의 평화이다. 그간 무엇인가 뜻 있는 일을 해야 한다는 욕심을 가지고 살았다. 그것은 정년 이전의 일이라 잘 감당할 수가 있었다. 그러나 지금 이 나이에 그런 욕심은 정신적으로나 육체적으로 무리가 되어 자제하려고 한다.

또 하나 살아가면서 왜 져주는 사람이 되지 못하고 늘 이기는 사람이 되려고 했는지 후회가 된다. 특히 중요하지도 않은 일에 내 주장을 강하게 하는 경우 말이다. 이로 인하여 후에 상대방에게 상처를 준 것이 아닌가 하고 자책하고 괴로워 할 때가 많았다.

그리하여 금년에는 져주는 연습을 하려고 한다. 이를 위해서 항상 친절한 표정과 다정한 말씨로 상대방을 먼저 생각하려고 한다. 금년에는 욕심을 버리고, 져주는 사람이 되고, 남의 말을 경청하는 사람이 된다면 마음의 평화가 오리라고 확신한다.

마지막으로 좋은 수필을 많이 쓰고 싶다. 지난 해에 우연한 기회에 수필을 쓰는 방법을 배웠다. 특히 피천득 선생님의 '수필' 이라는 글을 읽어 보니 나도 수필을 쓸 수 있는 여건은 충분하다는 생각이 들었다. 그 말씀 중에 수필은 마음의 산책으로, 그 속에는 인생의 향취와 여운이 숨어 있다는 것과, 수필은 독백이기도 하고 쓰는 사람을 가장 솔직하게 나타내는 문학형식이라는 말은 나에게 수필을 쓸 수 있다는 자신감을 갖게 했다. 정말로 금년에는 지난 해보다 더 좋고 더 아름다운 수필을 쓰고 싶다.

이제 새해가 막 시작되었다. 큰 욕심을 부릴 나이도 아니다. 누구와 턱지고 살아갈 나이는 더욱 아니다. 산등선의 석양과 같이 마지막을 아름답게 꾸미고, 정말 여생을 정말 멋지게 보내고 싶을 뿐이다. 이를 위해 금년 야누스의 달 첫날에 세운 꿈, 신실한 신앙생활, 건강, 마음의 평화 그리고 감동을 주는 수필 쓰기가 이루어지는 해가 되기를 간절히 기원하고 있다.

밤나무

율동공원 호숫가 입구 산기슭에 있는 여섯 그루의 밤나무 밑에는 누가 긴 막대기로 밤송이를 털었는지 꺾어진 작은 가지와 잎이 쌓여 있었다. 떨어진 밤을 줍기만 하면 되지, 무엇을 잘해주었다고 이렇게까지 상처를 내면서 성급하게 밤을 얻으려고 했는지, 사람은 욕심쟁이인 것이 틀림이 없는 것 같다.

그러나 밤나무는 아무 말 없이 그 자리에 서 있고, 누구를 원망하거나 불평하는 것 같지도 않았다. 더욱이 생색내거나 자랑하지도 않으며 오직 자기를 찾아 열매를 줍는 분들을 겸손히 반기는 것 같았다. 저 밤나무는 아무도 돌봐주는 이가 없으며 생긴 그대로 이웃 나무들과 어울려 산을 가꾸고 자연을 지키고 있다. 그리고 알밤을 사람이나 다람쥐 등에 거저 주고 있으니 밤나무는 너무나도 착한 나무라는 생각이 들었다.

어느새 가을이 가고 겨울이 지나 봄이 되었다. 지난 해 알밤을 주던 밤나무에 꽃피는 것이 기다려졌다. 하지만 4월이 가고 5월이 지나도 꽃을 볼 수 없어 행여 내가 모르는 사이에 피고 진 것이 아닌가 하는 생각이 들었다. 그러나 그럴리가 없을 것인데 하고 의아해 하던 중 6월 둘째 주에 들어서니 밤나무 꽃향기가 바람을 타고 내가 사는 집 근처까지 퍼져 왔다.

발을 재촉하여 율동공원에 가니 산기슭에 있는 밤나무에 하얀 꽃이 눈송이처럼 피어있었다. 그윽한 그 향기를 맡으며 가까이 가보니 밤나무의 작은 가지 잎겨드랑이에 밤나무꽃이 무리지어 만발하여 있었다. 눈송이를 이어 놓은 것처럼 보이는 수술로 된 꽃이 비록 아름답지는 않지만 전혀 부끄러워하지 않고 의젓하게 피어 있었다. 그리고 벌들에게 꿀을 주고 때가 되면 만물에게 알밤을 줄 것이라는 꿈이 서리어 있었다.

이 세상에는 여러 종류의 나무들이 있다. 관상용으로 쓰이거나 재목용으로 쓰이거나 과실용으로 쓰이는 등 여러 가지 나무가 있다. 나무마다 하나같이 쓰이는 목적이 있다. 그런데 밤나무는 다소 어정쩡한 나무다. 왜냐하면 밤나무를 재목용으로 생각하는 사람은 없다.

꽃이 피지만 관상목은 아니다. 그렇다고 과실나무라고 하기에는 사과나무나 배나무에 비해서 꽃이나 열매도 예쁘지 않아 어쩐지 격이 떨어지는 것 같기 때문이다.

같은 수종인 참나무는 건축의 치장재로 쓰이며 고급품으로 인정되고 있다. 그러나 밤나무는 재질이 좋지 않아 노출되는 곳의 건축재로 쓰지 않는다. 다만 물과 습기에 잘 견디므로 철도 침목이나 집의 토대,

또는 다리 건설 등 눈에 잘 띠지 않은 곳에 쓰이는 정도이다. 참나무는 숯을 만들어 필요에 따라 편리하게 쓸 수도 있다. 그러나 밤나무는 땔감이나 숯으로 만들어 쓸 수도 없다. 왜냐하면 불에 닿으면 일산화탄소가 발생하여 사람을 질식시키기 때문이다.

이렇게 밤나무는 꽃도 예쁘지 않고 열매도 탐스럽지 않으며, 목재로 쓰기에도 제한되어있고 땔감으로 사용할 수도 없다. 그러나 밤나무는 절대로 자기 자신이 못났다고 생각하지 않는다. 오히려 늦은 봄에는 어김없이 꽃을 피워 그윽한 향기를 하늘과 땅에 펼치며 벌에게 꿀을 주고, 가을에는 알밤을 만물에게 주는 일을 하는 것을 자부하고 있다.

밤나무 꽃향기를 맡으면서 사람도 저 밤나무와 같아야 하지 않나 하는 생각이 들었다. 우리가 사는 세상에는 이런 사람 저런 사람이 모여서 살고 있다. 어떤 사람은 집을 지을 때 사용하는 재목에 속하고, 어떤 사람은 관상목에 속하고 어떤 사람은 과실수에 속한다. 어느 나무나 그 사용목적에 따라 귀히 쓰이고 있는 것과 같이 사람도 자기 능력대로 귀히 쓰일 수 있다.

밤나무를 보면서 사람은 자기의 처지가 어떠한가가 문제가 아니라, 무엇인가 자기만이 할 수 있는 일에 대한 자부심을 가지고 있느냐, 자기 능력대로 이웃을 위해 선하고 의로운 일을 하고 있느냐가 중요하다는 생각이 들었다.

초롱이

초롱이는 우리 집 강아지의 이름이다. 개의 종류는 말티스이고 암놈이며 온몸이 흰 눈처럼 하얗고 눈과 코와 입은 까매 흑백이 어울리는 모습이 얼마나 예쁜지 모른다. 작년 12월 18일에 젖을 뗀 지 1개월 만에 우리 집에 왔으니 만 1년 남짓 된 셈이다.

개를 기르게 된 동기는 다음과 같다. 어느 날 집사람이 적적하니 개를 한 마리 기르자고 하였다. 자식들도 다 결혼하여 출가하였고, 나도 직장에서 퇴직한 지 오래되어 공직활동에 나가는 일도 뜸해져 적적했던 것은 사실이다. 그러나 똥오줌을 가리지 못하고 이 방 저방 아무 데나 해결한다면 어떡하나 걱정이 되었고, 정기적으로 동물병원에 다니며 건강진단도 해야 하고 예방주사도 맞혀야 하며 수시로 운동도 시켜야 한다는데, 그 일을 하기가 싫었다.

나도 실은 개를 싫어하지는 않지만, 기르자면 이런 저런 관리의 문제가 마음에 걸려 주저했던 것이다. 내 마음을 알아챈 집사람은 아무 걱정하지 말고 오케이만 하면 개를 사겠다고 하였다. 그리하여 수소문

한 끝에 이름 있는 종의 강아지라고 하여 상당한 금액을 주고 사온 것이다.

집사람은 동물병원에 가서 개를 등록하고 먹을 사료와 오물을 가리게 하는데 필요하다는 하얗고 얇은 기저귀를 사왔으며, 그것을 거실 한 구석에 깔아 놓았다. 젖을 뗀 지 얼마 안 되었는데도 밤중에 엄마를 찾느라 낑낑대지도 않았다. 아침에 일어나 보니 오물을 가리게 한다는 그 기저귀 위에 똥오줌을 누어 얼마나 신기하고 신통했는지 저절로 껴안아 주고 싶었다. 더욱 놀라운 것은 이 녀석이 차츰 커가면서 집사람을 엄마로 나는 아빠로 여기는 것이다.

초롱이가 우리 집에 온 지도 어언 6개월이 지날 무렵에는 자라서 몸무게도 3.6㎏이 되었다. 이 녀석은 나보다도 자기 시중을 들어주는 집사람을 잘 따른다. 그러나 마음 씀씀이는 아직도 어린 아이와 같다. 집사람과 같이 외출할 때에는 할 수 없이 혼자 집에 두고 나간다. 그럴 때면 같이 가겠다고 엉엉 짖고 운다. 돌아와 현관에 들어서면 매달리며 씩씩거린다. 마치 혼자 집을 잘 보았다고 자랑하는 것 같기도 하고, 집 보느라 무서웠다고 하는 것 같기도 하지만, 여하튼 어리광이 이만저만이 아니다.

눈치도 빨라서 좋아하고 싫어하는 것을 안다. 언젠가 벽지의 모서리를 물어뜯어 집사람으로부터 야단을 맞았다. 그러자 이 녀석이 무서워서 내 등 뒤에 와서 숨는 것이다. 평상시에는 불러도 잘 오지 않다가도 엄마로 생각하는 집사람한테 혼이 나면 꼭 내 뒤로 와서 숨는다. 그 모습이 우습고 재미있다. 개나 사람이나 엄마를 좋아하면서도 혼이 나면 무서워하고 아빠는 그저 그런 것으로 생각하다가도 자기가 궁지에 몰리면 구원을 청하러 오는 것은 매한가지다. 더 애정이 가는 것은 수시로 내 서재에 들러 나의 유무를 확인하는 것이다. 내가 책을 보거나 컴퓨터에 열중해서 미처 몰라보면 입으로 내 다리를 살짝 건드리고 나간다.

며칠 전에 TV를 켜니 남극탐험대와 썰매개들에 대한 영화가 나왔다. 중간부터 보아 앞 이야기는 잘 모르지만 탐험대원 한 사람이 얼음 속에 빠져 사경을 헤매고 있을 때 다른 또 한 사람의 명령을 받은 개가 끈을 입으로 물고 가 얼음 속에 빠진 대원 몸에 걸도록 전해 주었다. 그리고 썰매개 8마리가 합심해서 그 사람을 끌어내어 구출했다.

기후가 나빠져 탐험대가 철수하게 되었다. 비행기의 공간이 좁아 개들을 합승시키지 못하였고, 이를 안타깝게 여긴 한 탐험대원이 이틀 후에 데리러 오겠다고 약속하고 떠나갔다. 그러나 그 때가 마치 남극의 혹한기라 기상조건이 나빠져 비행기를 띄울 수가 없었다. 탐험지에 있던 개들은 1주일이 지나도 주인들이 나타나지 않자 당황하기 시작했다. 힘을 다하여 각기 목에 묶여 있는 줄을 끊었다. 다만 한 마리의 개는 목에 묶인 줄이 너무나 단단하여 끊지를 못하였다. 15일이 지나도 30일이 지나도 주인들은 나타나지 않았다.

풀려난 개들은 혹독한 추위를 견디며 새를 잡는다든가 하며 살아나간다. 개들은 잡은 새를 물고 와서 아직도 목이 묶인 채 죽어가는 개 앞에 놓고 먹게 한다. 그러나 결국 그 개는 죽고 만다. 한 마리는 절벽에서 떨어져 죽었다. 개들이 죽은 동료 시체에 코를 대고 작별 인사를 하는 장면에서 정말 눈물이 나왔다. 탐험지에 썰매개들만 놓고 떠나온 지 175일이 지났다. 그제서야 기온이 다소 풀리게 되어 그 당시의 탐험대원 일부가 현지로 날아가 살아남은 썰매개 6마리를 구출한다는 이야기였다.

이 영화를 보면서 개들이 그 혹독한 극한 상황에서도 자기만 살겠다고 몸부림치는 것이 아니라 동료를 사랑하는 그 기특한 정신에 마음이 찡하였다. 그리고 탐험대원들이 구출하러 왔을 때 우리를 이용만 한 나쁜 사람들이라고 원망할 줄 알았다. 그러나 원망은커녕 주인들이 찾아왔다고 왕왕 짖고 대원들의 얼굴을 핥으며 좋아하는 모습이 참으로 감동적이었다. 이 영화에서 보니 개가 사람보다 착하고 의리가 있구나 하는 생각에 한참동안 잠을 잘 수가 없었다.

이 영화를 보고 있는 동안 옆에 얌전히 앉아서 잠이 든 초롱이가 더욱 예뻐 보였다. 초롱이도 저 썰매개들처럼 주인에게 복종하고 충성하리라 생각하니 마음이 뿌듯해지고 기르기로 한 것은 참 잘한 일이라는 생각이 들었다.

요새 부자간에, 사제간에, 그리고 친구간에, 이웃간에 의리가 없고 은혜도 모른다는 이야기가 많이 있다. 어제 인터넷에서 자기를 낳아 기른 아버지와 어머니를 살해했다는 기사를 보고 참담함을 느꼈다. 사람이 개만도 못하다는 이야기가 정말 맞는 말이다. 오늘날의 우리 사회가 왜 이리 험하게 되었는지 너무나도 씁쓸하다.

다시는 망하지 않는다

이스라엘을 방문했을 때 사해(死海) 서쪽 해변에서 머지않은 곳에 있는 '마사다' 요새를 찾아보았다. 사암(砂岩)으로 이루어진 사면이 급한 경사로 된 산인 '마사다' 요새는 해발 450m정도이고 정상은 길이가 600m 폭이 250m 정도인 평지였다. 이곳은 서기 70년에 예루살렘이 함락되었을 때 이에 굴복하지 않은 이스라엘 군인 960명이 침략자 로마군에 대항하여 3년 동안 끝까지 싸우다 장렬한 전사를 한 곳이라고 한다.

2,000여년 동안 조국을 잃고 방황하던 이스라엘은 제2차 세계대전이 끝나자 1948년에 독립하였다. 이스라엘 국민은 새로이 조국을 찾은 것에 감격하였으며 회한의 눈물을 흘렸다고 한다. 이스라엘에서 젊은이는 누구나 병역의무를 필해야만 하고, 이스라엘 신병들은 '마사다' 요새에 와서 '우리는 다시는 망하지 않는다' 라고 외치며 앞으로는 절대로 외적에 정복당하지 않겠다고 비장한 각오로 선서를 한다고 하였다.

1967년에 이스라엘과 아랍 여러 나라 사이에 있었던 6일 중동전쟁 때, 미국에 온 이스라엘 유학생들은 참전하기 위해 서둘러 조국에 돌아갔다고 한다. 그러나 아랍국에서 온 유학생들은 모른척했다는 이야기가 있다. 애국심으로 무장된 이스라엘이 승리할 수 있었던 것은 어쩌면 당연한 일이었다. 이와 같이 온 국민이 외적의 침략에 대항하고 조국을 수호하겠다는 굳은 의지가 있기 때문에 이스라엘은 주변이 아랍 국가들로 둘러싸여 있어도 요동하지 않는 것이 아닌가 하는 생각이 들었다. '마사다' 요새를 구경하면서 지난날 불행하였던 우리나라의 역사가 떠올라 마음이 아팠다. 발해나 고구려와 같은 강국이었던 때도 있었지만 끊임없이 주변국가의 침략에 굴복하고 비굴하게 지내야만 했던 슬픈 역사가 얼마나 많은가.

우리나라는 1592년에 임진왜란이 일어났고 1597년에 정유왜란이 일어났으며 이 전쟁은 근 7년이나 되었다. 이 기간 동안 왜놈들은 우리나라 사람들을 잡기만 하면 전리품으로 목 대신에 코를 베어 갔다. 전쟁의 논공행상으로 베어간 코의 숫자가 12만6천개였다고 하니 우리 백성들이 얼마나 처참하게 죽었는지 상상하고도 남음이 있다. 그것을 기념하기 위해 일본 나라 근교에 코 무덤을 만들었고, 나중에 이름을 귀 무덤으로 바꿨다. 그뿐만 아니라 포로로 잡혀간 사람이 공식적으로 약 2~3만 명이라고 하지만 비공식적으로 잡힌 사람까지 합하면 이 보다 훨씬 많은 10여만 명이 된다고 한다. 이들이 현해탄을 넘을 때 울음소리가 100리 밖까지 들렸다고 한다.

이런 치욕스러운 참상이 아물기도 전에 44년이 지난 1636년 12월에는 청나라의 침공으로 병자호란이 일어났으며, 힘이 없던 우리나라는 청나라에 굴욕적으로 항복하였다. 이 병자호란의 상처는 엄청났으며, 어느 역사가는 청나라에 노예로 끌려간 조선인의 수가 남녀합해서 60만 명이 넘는다고 하였다. 추운 겨울에 맨발로 끌려간 우리 선조들이 만주족의 노예로 전락하여 요동지방 심양의 상설 노예시장에서 매매되었다. 몰래 탈출하다 붙잡혀서 매 맞거나 불구가 되는 사람도 많았다고 한다. 천신만고 끝에 고향 땅에 들어온 여인들은 오랑캐에게 몸을 더렵혔다고 환향녀(還鄕女)라고 부르며 환영은 고사하고 집에 들어오지도 못하게 했다. 서러움과 억울함을 억제하지 못하고 강물에 빠지거나 목매달아 죽은 사람이 부지기수였으며, 일부는 다시 요동벌로 되돌아가 한 많은 타향살이를 했다고 한다.

임진왜란과 병자호란의 치욕적인 역사에도 불구하고 우리나라는 1905년에 일본의 식민지가 되어 우리 선조들은 다시 노예로 살아야 했다. 많은 사람이 강제로 군대에 가서 피를 흘렸고, 일부는 징집되어 일본의 광산이나 공장에서 노동을 해야 했다. 더욱이 젊은 우리의 누이들은 강제로 일본군의 위안부가 되어 얼마나 많은 눈물을 흘렸는지 모른다. 그 중에는 수치스러움과 자책감으로 고향에 돌아오지 못하고 타향에서 살다 생을 마친 분들도 많다고 한다.

어찌하여 우리나라는 한 번도 아니고 여러 번 외국의 침략을 받아야 했는지 생각하면 생각할수록 원통하고 분하다. 왜 죽음을 각오하고 나라를 지키지 못하였는지 참으로 안타깝기도 하다. 임진왜란 때 죽음으로 나라를 지킨 이순신 장군과 같은 충신들이 없는 것은 아니었다. 일본의 식민지정치에 맞서 항거한 3 · 1운동이나, 6 · 25전쟁 때는 죽음으로써 나라를 지킨 순국선열들도 있다. 이들도 부모가 있고 자식이 있고 아내가 있는 한 인간이었으며, 사람으로서의 도리와 삶의 행복이 무엇인지를 아는 우리와 같은 사람이었다. 그럼에도 불구하고 나라를 위해서 귀중한 목숨을 바친 것이다. 반면에 나라의 어려움은 안중에도 없고 자기의 안전과 영달만을 추구하는 간신배들이나 약삭빠른 박쥐와 같은 기회주의자들이 있었다. 이런 분들 때문에 힘을 모울 수가 없었고 국력이 약화될 수밖에 없었다는 생각이 든다.

먼 옛일의 비참했던 우리 역사는 그랬다하고, 우리나라 현대사에 잊을 수가 없는 6 · 25전쟁의 참상을 전쟁을 겪지 않은 젊은 세대들을 모른다고 하며, 알려고 하지도 안는다고 한다. 그러나 지금과 같은 풍요로운 세상은 목숨을 버리고 싸운 참전용사들의 희생으로 이루어진 것이라는 것을 모른다고 해서야 되겠나. 마치 매일 공기 속의 산소를 마시고 있으면서 산소의 고마움을 모르는 것 같이 말이다. 이런 견지에서 순국선열들이나 참전용사들이 목숨을 바쳐 싸운 장소를 이스라엘 '마사다' 요새와 같이 성역화하면 좋겠다. 그리고 국민 누구나 특히 신병들은 그곳을 필히 방문하여 '우리는 다시는 망하지 않는다' 라고 애국심을 되새기고, 나라를 지키겠다고 크게 다짐하는 기회를 갖도록 하면 어떨까 생각해 보았다.

내가 바라는 죽음

요즈음 죽음에 대한 생각을 많이 한다. 나이가 많은 탓도 있지만은 몸이 눈에 띠게 쇠약해지고, 이에 더해 친구들이 하나 둘씩 세상을 떠나고 있기 때문이다. 살다 죽는 것은 누구나가 한번은 꼭 겪어야 할 일이다. 아무도 이 일을 비켜 갈 수는 없다. 그럼에도 불구하고 사람들은 죽음을 두려워한다. 나도 그 중에 하나일지도 모른다.

죽는다면 지각이 없는 것은 물론 사물을 판단할 수 없게 된다고 생각하니 어쩐지 쓸쓸해지기도 한다. 사랑하는 가족들과 영원히 이별하게 되니 슬퍼진다. 평생 손때가 묻은 책들과도 멀어지고, 내가 정성을 들였던 제자들도 다시는 만날 수 없게 될 것이라고 생각하니 고독해진다.

아직도 마음만은 젊어서 이것저것 하고 싶다. 공부도 더 하고 싶고, 좋은 논문도 더 발표하고, 훌륭한 인재를 더 많이 기르고 싶고, 어릴 때부터 꿈꾸던 예쁜 글도 써보고 싶다. 이웃에게 좋은 일을 더 많이 하고, 여러 사람에게 감동을 주는 사람이 되고 싶다. 죽으면 이런 일을 하지 못한다고 생각하니 억울한 생각이 든다.

그러나 해가 뜰 때와 질 때를 구분해야 하지 않겠나. 해가 중천에 있을 때, 만물은 바쁘게 활동하지만 해가 진후에는 휴식에 들어가는 것이 자연의 섭리가 아닌가. 꽃은 지난날의 화려했던 자리를 버리고 때가 되면 미련 없이 밑으로 떨어지지 않은가. 사람도 이 자연의 법칙에 따라야 하지 않겠나. 나도 서산에 지는 해와 같이, 그리고 떨어지는 꽃처럼 당황하지 않고 조용히 그리고 미련 없이 죽음을 맞이하고 싶다.

생각하면 지금까지 살아있다는 것이 너무나도 감사하다. 지난 일이지만 목숨을 잃을 뻔했던 아찔한 순간들이 많았던 것이 사실이 아닌가. 그리고 불가능하다고 여겼던 그 많은 크고 작은 고개들을 용케도 넘었으니 말이다. 그렇다고 이제는 살만큼 살았으니 남은 인생은 덤으로 생각하자는 것은 아니다. 편하게 살려고 하는 것은 나에게는 오히려 부담이 되고 사치스러운 일이 된다. 역시 지금까지의 방법대로 꾸준하게 할 일을 하다가 생을 마치는 것이 마음이 편할 것 같다.

사실 내가 그간의 험한 인생길에서 낙오되지 않고 오늘에 이른 것을 생각하면 억울하다는 생각은 분수에 맞지 않은 말이다. 낙심할 때마다 용기를 주신 하나님께 감사해야 하고, 연약한 내가 이 정도로 사람 노릇을 할 수 있었던 것은 이웃의 가르침과 격려 때문이었으니 오히려 고맙게 생각해야 한다. 무엇보다도 내가 지도한 제자들이 멋진 일을 하고 있으니 얼마나 자랑스러운가. 이제 곧 죽음이 온다한들 아쉬울 것이 무엇이 있겠나. 해가 서산에 지기 전에 아름다운 저녁노을이 있듯이, 나도 죽기 전에 내 삶의 아름다운 마무리가 있어야 한다.

무엇보다도 먼저 어리석음으로 인하여 저지른 잘못에 대한 참회를 하고 싶다. 살아오면서 나도 모르게 남의 마음을 아프게 하거나 섭섭하게 한, 그리고 남을 미워하고 원망했던 모든 잘못을 용서받고 싶다. 내가 받은 은혜나 사랑을 갚지 못한 것, 의당 해야 할 의무와 책임을 다하지 못한 것도 사죄 하고 싶다. 그리고 가진 것을 청산하고자 한다. 나의 소유물이라야 부동산이 있는 것도 아니고 보물이 있는 것은 더욱 아니다. 평생 모은 전문서적만 있을 뿐이다. 나의 손때가 묻어 있고, 책을 살 때마다 월급봉투가 얇아져 고생이 많았던 집사람의 눈물이 숨어 있는 책들이다. 이 귀중한 책들의 일부는 중국 연변과학기술대학에 기증했고, 나머지는 서울대학교 건축학과에 기증하려고 한다.

다만 미국에서 공부할 때 어머니라고 불렀던 텁트(Tuft)씨로부터 기증받은 사인표시가 된 책과 심혈을 기울여 집필한 책 몇 권만은 죽어서도 지니고 싶다. 그리고 가족들에게 미안하다는 말을 전하려고 한다. 남편노릇도 아버지 노릇도 서툴렀던 것을 솔직히 용서받고 싶다. 늘 바빠 내 일에만 전념하고 함께 단란한 시간은 한 번도 갖지 못했던 것이 여간 후회스러운 것이 아니다.

이렇게 세상에서 정리할 것은 다 정리하고 가벼운 마음으로 죽음을 맞이하고 싶다. 생로병사(生老病死)라 하였으니 난들 아프지 않을 수 있겠는가. 다만 가족을 고생시키는 치매는 절대로 되지 않기를 바란다. 어떠한 병이든 아프더라도 일주일 이상은 눕지 않았으면 좋겠다.

병으로 몸이 고통스러워도 주위사람이 불안하고 걱정하지 않도록 참고 견디자. 그러나 병들어 생명을 유지한다 해도 식물인간이 되는 것은 싫다. 이런 경우 생명 연장을 위한 시술은 일절 하지 않았으면 한다.

기왕 죽음의 문에 들어서면서 고통스러운 모습이나 슬픈 모습은 보이기 싫다. 오히려 마냥 즐겁기 만하던 철없던 어린 시절과, 나에게 달려오는 듯 했던 여름밤의 별들과 나에게 감동을 준 이런저런 일을 생각하고, 어둠속에서도 나를 빛 가운데로 인도하여 주신 하나님께 감사하며, 편안하고 웃는 모습으로 죽고 싶다.

누구라도 내가 죽을 때에는 눈물을 보이지 말고 "하늘 가는 밝은 길이 내 앞에 있으니"라는 찬송가를 불러 주었으면 한다.

내가 죽은 후 장례식은 간단하게 했으면 한다. 문상객으로부터 마음의 짐이 되는 부의금이나 조화를 받지 말고 평상시와 같이 서로 인사하는 자리가 되었으면 한다.

A 교회의 자랑

내가 다니던 A교회는 서대문을 지나 충정로에서 마포로 가는 길과 신촌으로 가는 길이 갈라지는 낮은 언덕 위에 자리 잡고 있다. 옛날 이곳은 병들고 가난하고 힘없는 사람들이 사는 말하자면 천민들이 사는 곳이었다고 한다. 그리고 어린아이의 시신을 버리는 장소이기도 했으며 이로 인해 '애오개' 라고 불렀다고도 한다. 옛날 4대문 밖에 있는 혐오스러운 이곳에 선교사 '스크랜턴' 이 시약소를 차려 놓고 병들고 소외된 사람들을 시술하면서 전도하고 선교한 것이 이 교회의 시작이라고 했다. 이 교회의 역사는 감리교회 중에서 정동감리교회, 상동감리교회 다음으로 길다고 하며 곧 교회 창립 120주년을 맞이하게 된다.

이와 같이 긴 역사를 가진 교회일 뿐만 아니라 그간 기독교 대한감리교총회의 감독회장을 두 분이나 배출시킨 교회로서 다른 교회의 부러움도 사고 있다. 그러나 내가 하고 싶은 A교회의 자랑은 긴 역사도 아니며, 감독회장을 두 분이나 배출시킨 교회라는 것도 아니다.

물론 그와 같은 것이 자랑거리가 아닐 수 없지만, 교회 역사학자가 아닌 내가 이 교회가 역사에 걸맞게 무엇을 했는지 솔직히 말할 수가 없다. 더욱이 교회정치에 전혀 관심이 없는 나로서 감독회장과 A교회 발전과의 상관관계가 무엇인지, 그리고 감독회장이 이 교회 교인의 신앙생활에 어떠한 영향을 미치는지 전혀 알 수가 없기 때문이다.

오히려 내가 이 교회에 대해 자랑하고 싶은 것은 지역적으로 아직도 낙후되고 대부분 교인들이 경제적으로 넉넉하지 못한 서민층에 속하는 분들이지만, 목사님과 교인들 밑바탕에 흐르고 있는 따뜻한 정만큼은 다른 어느 교회에 뒤지지 않으리라 믿고 있는 점이다.

지금 세상이 간악하여 자기의 유익을 위해서는 수단방법을 가리지 않는다. 모범을 보여야 할 지도자들이 오히려 탐욕스럽고 이기적으로 모든 일을 처리하는 경향이 있다.

목사님이 교회다운 교회를 세우려고 심혈을 기울이기보다 자신만을 위한 명예와 권세의 성을 쌓으려고 한다는 말도 있다.

그러나 A교회 담임 K목사님은 그러하지를 않았다. 재임동안 늘 교회의 발전을 위해서 힘쓰셨다. K목사님이 부임하실 때에 교회의 규모는 대지면적 약 800평에 예배당과 사택이 있을 뿐이었다. K목사님은 우선 사택을 헐고 당신은 값싼 전셋집으로 이사를 갔으며 그 자리에 교육관을 짓기 시작했다. A교회의 빈약한 재정 형편으로 힘이 들었지만 5년여 만에 정성이 모아져 3층조의 교육관을 신축하였다. 그리고 주변의 땅을 구입하여 사회관도 건축하고 협소하였던 예배당도 크게 신축하였다.

이 일을 위해 근 20년 동안 교인들은 여러가지 불편함을 참았으며 K목사님은 전세를 전전하였다. 지금의 대형교회에 비교할 수 없지만 당시 서대문 지역에서는 교회의 3개 주요공간인 예배당, 교육관, 사회관을 갖춘 유일한 교회로 발전시킨 것이다. 이 과정에서 정성껏 건축헌금을 하는 가난한 교인을 볼 때마다 감동되곤 했다. 특히 어느 해인가 건축헌금 봉투를 열어보니 4,000원이 들어있었다. 그리고 봉투에는 "하나님, 죄송합니다. 다음에는 더욱 열심히 일해서 건축헌금을 많이하겠습니다" 라는 글이 쓰여 있었다. 교회를 사랑하는 이 글을 읽으며 정이 많은 교인들이 있는 A교회가 참으로 자랑스러웠다.

교회 건축을 완료한 후 K목사님은 은퇴까지 3년여의 기간이 남아있었다. 그러나 같은 해에 부임하신 L부목사님을 담임목사로 추대하기 위하여 흔쾌히 자진 은퇴하신 것이다. 부목사님을 배려하는 담임목사님의 넓으신 마음과 아름다운 정에 큰 감동을 받았다. 그리고 K목사님이 계시는 A교회가 너무나도 자랑스러웠다.

또 한 가지 잊을 수 없는 일은 평생 이 교회에서 목회하신 담임목사님이 은퇴하실 때, 최소한 편히 누울 자리는 있어야 하지 않겠느냐고 하면서 가난한 교인들이 합심하여 조촐하나마 주택을 마련하여 드린 것이다. 비록 경제적으로 넉넉하지 못할망정 아무런 불평 없이 각자 분수에 맞게 교인 모두가 이 선한 일에 참여하였다.

우리는 서로 사랑하라는 말을 많이 한다. 그러나 하나의 구호로 끝나는 경우가 많다. 그것은 사랑이라는 뜻을 몰라서가 아니라 마음속에서 우러나오는 정이 없기 때문이다. 마음에서 우러나오는 정이 없이 사랑한다고 할 때는 공염불이 되기 쉽고 감동을 줄 수도 없다. 정이란 사랑을 생산하는 유일한 도구이며 사람의 마음을 변화시키는 촉진제라는 생각이 든다.

우리 민족은 본래 정을 소중히 여긴다. 우리가 부르는 민요와 노래가사에는 정이 넘쳐흐른다. 가난 속에서도, 고통 속에서도, 눈물 속에서도 정을 그리워하는 그 저변에는 사랑을 갈구하고 있는 모습이 역력하다. 이런 견지에서 볼 때 목사님과 성도들 저변에 흐르고 있는 정이 많은 A교회는 정말 자랑스러운 교회다. 정이 많은 교회라는 이 전통이 오래오래 계승되기를 간절히 기원한다.

말(言)

우리는 수시로 말을 하며 살아간다. 자기의 뜻과 생각을 남에게 전하는데 글이나 기타 방법이 있지만 아무래도 가장 쉬운 방법은 말이다. 그러나 쉬우면서도 어려운 것이 말인 것 같다. 왜냐하면 분위기에 맞게 조리 있고 재미있게 말하는 사람이 있는가 하면, 분위기에도 어울리지 않고 남을 배려함이 없이 입에서 나오는 대로 재미없게 말하는 사람이 있기 때문이다. 이럴 때마다 말이란 필요 불가결한 것이지만 때와 장소와 분위기에 맞아야 한다고 생각했다. 나는 말을 술술 잘 하거나 입담 좋게 말하지를 못한다. 간단하게 말해 말솜씨가 없다. 말솜씨가 없는 것을 어떻게 보완해야 할까 하고 늘 고심한다.

그러던 중 말에도 맛이 있다는 생각이 들었다. 입맛 떨어지는 말이 있고 감칠 맛이 있는 말이 있기 때문이다. 감칠맛이 있는 말이란 일반적으로 칭찬 · 격려 · 위로 · 감사의 말과 같이 긍정적이고 정이 담긴 말들이다. 이에 반해 입맛 떨어지는 말이란 욕하고 비난하고 무시하고 비웃는 말과 같이 부정적이고 정이 없는 말들이다. 그리고 말에도 온도가 있는 것 같다. 남의 말을 들었을 때 마음이 푸근해지는 말이 있고 들었을 때 쌀쌀한 한기가 도는 말이 있다. 또한 말에는 감정도 있는 것 같다. 좋은 말을 들으면 기분이 좋고, 나쁜 말을 들으면 기분이 나빠진다. 이렇게 따지다 보니 말이라고 다 말이 아니라, 해서 좋은 말이 있고 해서는 안대는 말이 있는 것 같다. 해서 좋은 말이란 정이 담긴 말, 푸근한 말, 듣기 좋은 말들이고, 해서는 안 되는 말이란 정이 없는 말, 쌀쌀한 말, 가시 돋친 말들인 것 같다. 그리하여 말솜씨가 없는 나는 상대방과의 대화를 할 때 입맛 떨어지는 말이나 기분을 상하게 하는 말이나 쌀쌀한 말은 하지 말아야 한다고 늘 조심하고 있다. 그럼에도 불구하고 때로는 나도 모르게 입에서 나오는 대로 말을 하여 상대방의 마음을 아프게 할 때가 있다. 그리고 왜 기왕이면 따뜻하고 정다운 말을 하지 못했는가 하고 후회한다.

어느 해인가 논문을 지도할 때의 일이다. J군이 준비해온 논문은 논리성이 결여되고 창의성도 없으며 전혀 정리가 되지 않았다. 이것이 논문이냐고 심하게 질책하였다. 논문을 쓰자면 긴장하기 마련이다. 이에 더해 나로부터 좋은 말을 듣지 못해 얼마나 많은 스트레스를 받았겠는가. 물론 이 논문이 자네의 능력을 평가하는 척도가 되고, 평생 자네의 동반자가 되는 것인데 이렇게 가볍게 써서야 되겠나 하고 훈계는 하였지만 말이다. 그러나 같은 말이라도 따뜻하게 정답게 기분 좋게 말하지 못한 것이 여간 마음에 걸리는 것이 아니었다.

혼이 나고 나가는 J군의 뒷모습을 보니 어깨가 축 늘어져 있었다.

물론 불평이나 변명하지 않고 지적한 사항을 정성껏 수정하였으며, 마침내 훌륭한 논문을 작성했다. 아주 잘 되었다고 칭찬하니 긴장하고 있던 J군의 얼굴이 금세 밝아지고 화색이 도는 것이었다. 역시 말에 감정이 있고 온도가 있다는 것은 확실하였다. 왜 진즉 이런 위로의 말, 격려의 말, 칭찬의 말을 못했는지 후회한 적이 있다.

자기가 전하고저 하는 글이나 기타 방법이 잘못되었을 때는 다시 거두어 수정하면 된다. 그러나 말이란 한번 입에서 나가면 다시 거두거나 수정할 수 없다. 그러므로 말을 할 때 남을 비난하거나 비웃고 무시하는 말들은 특히 조심해야 한다. 대개 이런 말들은 듣기가 거북하고 자존심이 상하며 마음에 상처를 주기 마련이다.

이런 견지에서 볼 때 말이란 화살에 비유할 수가 있다. 날아가는 화살을 되돌릴 수 없는 것과 같이 입 밖으로 나간 말은 되돌릴 수가 없다. 한 번 입에서 나간 말은 시위를 떠난 화살과 같이 되어 누눈가의 가슴에 박히게 된다. 칭찬의 말, 사랑의 말, 위로의 말, 격려의 말로 된 화살이 박히면 감사와 감동과 용기와 의욕을 준다. 그러나 폭언과 저주와 비웃음의 말로 된 화살이 박히면 엄청난 상처를 준다. 그것도 평생 치유할 수 없는 마음의 상처를 준다. 그러므로 말은 함부로 하면 안 되며 조심스럽고 심중하게 해야 한다. 확실히 말은 글보다 더 빠르게 뜻과 생각을 전하는 정다운 도구이다. 그러나 상대방을 배려하지 않는 말은 오해와 분노와 상처를 주는 흉기가 되기도 한다.

우선 순위

정년퇴임 초기에는 건설환경의 변천에 따라 보완해야 할 내용을 위주로 몇 권의 전공책을 저술하였다. 그러나 최근에는 시력이 나빠져 책을 집필하기가 어려워졌다. 책을 쓰려면 여러 권의 참고도서와 참고자료를 봐야만 하는데 그것이 불가능하게 되었기 때문이다.

나는 골프를 하거나 바둑도 둘 수 없는 어쩌면 반쪽 인간이라고 자소할 때가 많을 정도로 특별한 취미가 없다. 취미가 없다기보다 어쩌다보니 배우지를 못한 것이다. 다만 수시로 전공서적을 보면서 혼자 만족하고 수긍하며 시간을 보내는 것이 유일한 낙이라면 낙이다. 이런 내가 전공서적을 멀리해야 한다는 것은 여간 마음 아픈 일이 아니다. 그리하여 전공 책 쓰기를 그만 두려는 것은 행여 잘못 생각하는 것이 아닌가 하고, 지금의 처지를 거울에 비추어 보듯이 냉정하게 비추어 보았다.

정년퇴임한 시점을 내 삶의 하프타임이라고 한다면, 재직하고 있을 때는 전반부가 되고 정년 이후는 후반부가 되는 것이 아닌가. 전반부는 여름 나뭇잎과 같이 푸르지만 후반부는 가을 나뭇잎과 같이 단풍들고 낙엽이 된다.

지금 후반부에, 그것도 깊숙이 들어선 내가 왕성했던 전반부와 같은 일을 하려는 것은 욕심이다. 체력적으로 순발력이나 집중력 및 지구력이 저하되어있고 더욱이 녹내장이라는 눈병으로 시력이 나빠지고 있지 않은가. 전반부에는 전반부 나름의 우선순위가 있어야 하고, 후반부에는 후반부에 합당한 우선순위가 있어야 할 것이 아니겠는가?

그렇다면 후반부의 우선순위를 무엇으로 해야 할까 하고 망설이고 있을 때 피천득 교수의 '수필' 이라는 글을 읽어 보았다. 특히 '수필의 재료는 생활경험, 자연 관찰, 또는 사회 현상에 대한 새로운 발견' 이라는 말에 나도 수필을 쓸 수 있지 않을까 하는 생각이 들었다. 왜냐하면 지난 날 강단에서의 많은 경험이 있고 매사에 솔직하고 감수성이 있다는 말을 들을 때가 있었기 때문이다.

전공 책을 쓰려면 필연적으로 수식이나 도표 등을 작성해야 한다. 그러나 수필쓰기에서는 그와 같은 것이 필요치 않을 것이라는 생각이 들었다. 전공 책은 사실여부를 증명하듯이 기술해야 하지만 수필쓰기는 일상생활에서 보고 듣고 느낀 것을 생각나는 대로 예쁘게 쓰는 것이라고 하니 마음의 부담이 덜될 것 같다. 수필은 마음의 산책이며 그 속에는 인생의 향취와 여운이 숨어 있다고 하니 나도 그 영역을 찾아보고 싶다. 또한 수필쓰기에 집중하면 무료하다고 할까 무기력한 생각도 들지 않을 것이라고 여겨졌다. 이렇게 생각하니 수필쓰기는 전공

책 쓰기에 비해 체력소모나 시력의 피로도가 덜하지 않을까 하는 생각이 들었다.

이런 사정을 감안할 때 지금의 나에게는 수필쓰기가 가장 적합할 것이라는 확신이 섰다. 이렇게 생각하니 전공서적에 대한 애정과 미련에서 다소 마음이 놓이는 것 같았다. 그리고 전공서적을 마냥 서재에 진열해 두는 것보다 내가 재직했던 건축학과나 건설기술연구실에 기증하는 것이 좋을 것 같았다. 거기서는 나 이상으로 사랑을 받을 수 있을 것이라고 생각되었기 때문이다.

기증할 책을 정리하다 보니 전혀 손이 간 흔적이 없는 것들이 꽤 있었다. 구입할 당시에는 분명히 필요하다고 생각하고 산 것인데 이럴 수가 있나 하고 자책하기도 하였다. 급하지도 않았던 책을 왜 샀는지 후회되고, 이로 인해 집사람을 더욱 고생시킨 것이 여간 미안하고 죄스러운 것이 아니었다.

나는 학문의 길을 걸으면서 필요하다고 생각되는 책은 무조건적으로 샀던 것이다. 그것은 마치 필요할 것이라고 생각하고 이것저것을 가방에 넣고 여행지에서는 쓰지도 않고 도로 가지고 오는 것과 같은 어리석은 일이었다. 지금 생각하니 한정된 시간과 여건에서 여러 분야의 책을 읽으려고 했던 것은 과욕이었으며 무모한 도전이었다는 것을 알게 되었다.

내가 전공에 관한 책을 구독할 때 '필수', '관련', '일반' 이라고 우선순위를 매겼어야 했다. 상대적 중요도에 따라 필수는 꼭 읽어야 할 책, 관련은 필수에 도움이 되는 책, 일반은 읽는 것이 좋은 책이라고 구분했어야 했다. 그렇게 했다면 사정에 따라 '일반'에 관한 책이나 '관련'에 연관되는 책 중에서 일부는 사지 않거나 사는 것을 미뤘을 수도 있었을 것이다.

책을 정리하면서 우선순위의 중요성을 새삼 느꼈다.

그러고 보니 지금 나의 처지에서 이런 일 저런 일을 제켜두고 수필 쓰기에 삶의 우선순위를 두려고 한 것은 아주 잘한 것이라는 생각이 들었다.

차량 정지선

1984년 동경에 있을 때 몇 명의 일본사람과 같이 담소하는 중 내 성명에 대한 것을 물었다. 나의 성명은 金文漢이며, 金은 성이고 文漢은 이름이라고 말했다. 그랬더니 한 사람이 한국에는 金씨가 많더라고 하였다. 나는 金씨가 많아도 본이 다르다고 하니까 또 한 사람이 본이 무엇이냐고 물었다.

본은 본관이라고도 하며 가계(家系) 시조(始祖)의 고향을 말하는 것이다. 따라서 성이 金씨라 해도 본이 다르다고 말했다. 본이 다른 것을 어떻게 아느냐고 물었다. 그것은 일반적으로 이름의 돌림자를 보고서 알 수 있으며, 예로서 내 이름의 돌림자는 한(漢)이며 이것에 의해서 나의 본은 安東 金氏이고 선조로부터 27대 손이라는 것을 알 수 있다고 말했다.

나의 말을 듣고 있던 일본사람들은 깜짝 놀라며 입을 크게 벌리며 탄복하였다. 한 일본사람에게 당신은 몇 대 손이냐고 물으니 할아버지 정도 밖에 모른다고 하였다. 속으로 이 놈들은 조상도 모르는 쌍놈들이구나 하고 생각했다. 조상도 모르는 것에 대한 수치심 때문인지, 갑자기 조상이 누구이고 몇 대 손이라는 것이 무엇이 중요하냐, 현재가 중요하지 라고 말했다. 그러면서 한국보다는 일본이 문화적, 사회적, 경제적, 교육적, 정치적으로 모든 면에서 선진국이다, 라고 큰소리로 도도하게 말하는 것이었다.

처음에는 호기심으로 성명에 대한 이야기가 오갔으나 선조의 이야기가 나오니까 일본사람들의 마음이 돌변한 것이다. 일본사람들은 대부분이 자기 선조를 모르고 있기 때문에 이에 대한 열등감이 있었다. 이를 만회하려고 자기들의 우월성을 내세웠던 것이다. 이에 나도 질세라 한국이 일본보다 뒤진 것은 사실이지만 그 격차야 5년 정도 밖에 더 되겠느냐고 말했다. 그랬더니 5년이 무어냐? 한국은 일본보다 20년은 뒤졌다고 말하였다. 하기야 그 당시 일본은 일인당 국민소득이 약 30,000불인데 비해 우리나라는 5,000불에 지나지 않았다.

그러나 나는 기분이 나빠 그렇게 생각하는 근거가 무엇이냐고 따졌다. 그랬더니 서울에 가보니 빨간 신호등이 켜졌을 때 차량정지선에서 정차하는 차를 보지 못했다고 말하며, 이것을 지키는데 최소 20년은 걸릴 것이라고 하였다. 나는 이 말에 다소 안심이 되었다. 차량정지선 지키는 일이야 2~3년 내로 시정이 되리라고 생각했기 때문이다.

차량정지선이란 대개 교차로에서 횡단보도보다 2m 앞에 그어놓은 선을 말한다. 직진해 오던 차가 빨간 신호등이 켜지면 차량정지선에서 서야 한다. 그래야만 사람들이 안심하고 횡단보도를 건널 수 있다. 그런데 우리나라에서는 거의 모든 차가 차량정지선을 지키지 않았다. 빨간불이 켜지기 전에 빨리 지나가려하고, 청색신호등이 들어오면 다른 차보다 먼저 출발하려고 대부분의 차들이 정지선 너머 행단보도에 걸쳐 정차하는 것이 예사였다. 이 일로 인하여 횡단보도에서의 교통사고가 자주 일어났으며 그 비율은 29.9%나 된다고 하였다.

그런데 내가 귀국한 후 5년이 지나고 10년이 지나도 차들이 차량저지선을 지키지 않았다. 간혹 차량정지선을 지켜 차를 세우면 뒤에 오는 차들이 앞으로 가려고 빵빵 클랙슨을 울리곤 했다. 이럴 때마다 차량정지선을 지키지 못하는 후진국이라는 그 일본사람의 비웃던 말이 머리에서 맴돌아 여간 우울해지는 것이 아니었다. 차량정지선을 지키는 일이 이렇게 어렵단 말인가. 우리나라의 문화수준이 겨우 이정도밖에 안 된단 말인가 하고 낙심이 되었다. 과연 그 일본사람이 말한 20년이 거의 다되는 2000년을 지내서야 경찰은 차량정지선을 엄격히 단속하기 시작했다.

차량정지선을 지키는 것이 늦어진 것은 결국은 민도의 문제로 생각되었다. 무엇보다도 우리나라 사람들은 매사에 조급하다. 차분하고 침착하게 그리고 말끔하게 일을 하기보다 빨리 빨리 하려는 경향이 있다. 그리고 남이야 어찌 되던 나만을 생각하는 이기심이 반칙을 예사로 여기고, 법을 지키는 사람을 바보스럽게 생각하는 경향이 있다. 그러나 차량정지선도 지키지 못하면서 어떻게 선진국에 진입할 수가 있겠는가? 차량정지선을 지키는 사람이 대접을 받는 사회가 되어야 하고, 차량정지선을 지키는 사람이 손해를 보거나 비웃음을 받는 사회가 되어서는 안 될 것이다.

인생의 삶속에도 차량정지선과 같은 정지선이 있다고 생각한다. 우리가 살아가면서 파란불만이 있는 것은 아니다. 때로는 피로, 질병, 사고, 절망 등의 빨간불이 켜질 때도 있다. 이런 경우에는 차량정지선과 같이 삶의 정지선에서 일단 멈추어 적절한 휴식이나 치료 또는 재충전의 시간을 가져야 할 것이다.

조급한 나머지 삶의 정지선을 지키지 않고 무리한다면 차량정지선을 지키지 않으므로 발생하는 교통사고와 같이 여러 가지 문제가 발생하게 될 것이다. 진실로 반칙을 하면서 급하게 서두는 것이 최선의 방법은 아닐 것이다.

나라사랑과 국기

우리나라 국경일은 삼일절, 제헌절, 광복절 그리고 개천절이다. 국경일은 글자 그대로 우리 국민 누구나가 나라를 사랑하고 경축해야 할 날이기에 각 가정마다 국기를 계양하도록 되어있다. 국경일 이외에 특히 잊어서는 안 될 국가기념일이 있다. 그것은 6 · 25전쟁일과 현충일이다.

6 · 25전쟁은 1950년 6월 25일에 북한군의 남침으로 전쟁이 발발하였고 이 전쟁으로 인해 약 100만명의 민간인을 포함하여 200만명의 인명피해가 있었다. 재산피해는 43%의 산업시설과 33%의 주택이 완전히 파괴되었다.

정부에서는 이 엄청난 희생을 가져온 날을 6 · 25전쟁일로 정하고 이 날을 상기하고 국민의 안보의식을 고취하는 뜻에서 국기를 계양하도록 하였다. 그리고 나라를 위해 싸우다 돌아가신 순국선열과 호국영령의 명복을 빌고 상이군경 및 전몰장병의 숭고한 호국정신과 위훈을 추모하기 위하여 6월 6일을 현충일로 하여 이날에는 조기를 계양하도록 하였다. 국기나 조기를 계양할 때는 나는 대한민국 국민이라는 자부심을 가져야 한다. 그리고 오늘의 나는 목숨을 바친 선열들이 있기에 가능하다는 고마움이 있어야 하고, 다시는 외적의 침략으로 인한 굴욕적인 역사가 되풀이 되어서는 안 된다고 다짐하는 시간이 되어야 한다.

1919년 3월 1일에 일본의 총칼 앞에 피를 흘리면서 대한독립만세를 부른 선열들의 손에는 국기를 굳게 들고 있었다. 1945년 8월 15일 일본이 항복하자 일본의 폭정에 시달리던 형제자매들이 거리에 나와 국기를 흔들며 대한독립만세를 목이 터져라 불렀다. 나라를 되찾으려고 했을 때나 나라를 되찾았을 때 나라사랑의 벅찬 감정을 표현하기 위하여 국기를 들고 나왔던 것이다. 진실로 국기는 나라사랑의 대표적인 상징물이다. 그런데 최근에 국경일과 6 · 25전쟁일 그리고 현충일에 국기 또는 조기를 계양하는 일이 급격히 감소되고 있다. 내가 사는 아파트단지 관리실에서는 “오늘은 국경일이니 국기를 계양하시오”라고 방송한다. 그리고 “오늘은 현충일이니 조기를 계양하시오” 라고 몇 번이고 방송한다. 그러나 국기나 조기를 계양한 집은 각 동마다 2~3세대에 지나지 않는다. 이것은 국민들이 나라사랑에 대한 애정이 식어졌거나, 국경일이나 국가기념일을 그저 그런 날로 생각하기 때문일 것이다.

나라의 사정이 이지경인데 어찌하여 정치하는 분들은 이런 것을 모른척하는지 참으로 답답하다. 국회의원 선거 때 보면 후보들은 여야할 것 없이 살기 좋은 나라로 만들겠다고 힘주어 말을 한다. 새로운 정권이 들어설 때 마다 경제의 발전, 인권의 존중, 민주화의 진전, 교육의 평등, 환경의 개선, 복지정책의 향상 등에 대한 정책들은 그럴듯하게 제시하고 있다. 물론 이와 같은 것들은 나라가 발전하기 위해서 필요한 사항임은 틀림이 없다. 그러나 이런 사항들은 어디까지나 대한민국이라는 나라가 있음으로 해서 필요한 것이지 나라가 없다면 문제가 될 사항이 아니다. 그러므로 나라사랑이란 모든 것의 기본이 되어야 하고, 나라사랑을 저해하는 무관심이나 이념은 철저하게 단속되어야 할 것이다. 나라사랑이 없는 정책은 사상누각에 지나지 않을 것이며 어떠한 일이 생기면 바로 무너지고 말 것이다.

이런 것을 감안할 때 지금 우리에게 가장 시급한 것은 국민 누구나 나라사랑의 중요성을 인식하고 실천하는 일이라고 생각한다. 우리는 지난날의 슬픈 역사를 외면하거나 모른척해서는 안 된다. 또한 나라를 지키려고 목숨을 바치고, 나라를 위해서 희생한 순국선열의 고귀한 뜻을 저버려서도 안 된다. 무엇보다도 나라가 있으므로 내가 있다는 애국심을 항상 간직해야 할 것이다. 나라사랑의 방법에는 여러가지가 있겠으나 가장 쉽고도 기본적인 것은 국경일이나 국가기념일에 집집마다 국기나 조기를 꼭 계양하는데 있을 것이다. 왜냐하면 나라사랑과 국기계양은 정비례한다고 생각되기 때문이다.

황혼길에 접어든 나에게는 아무런 힘이 없다. 그러나 마음속으로 다가오는 3 · 1절을 비롯한 국경일에는 각 세대마다 국기가 휘날리고, 현충일에는 집집마다 조기가 계양된 벅찬 장면을 그려보곤 한다.

그날 밤의 별

인쇄 2012년 5월 4일
초판 1쇄 발행 2012년 5월 8일
지은이 김문한
펴낸이 전형철
편집 모던포엠
웹디자인 김태완
펴낸곳 모던포엠 출판부 도서출판 **채운재**
후원 월간 모던포엠, 세계모던포엠작가회
주소 100-861 서울시 중구 충무로2가 49-8
(서울빌딩 202호)
전화 02-704-3301
팩스 02-2268-3910
손전화 010-9184-5223
이메일 mopo64@hanmail.net
정가 10,000원